AF302155

Georg Hösler-Weiß:

Brauner Filz im schwarzen Schafspelz

oder

„Die braunen Schafe der schwarzen Szene"

Georg Hösler-Weiß:

Brauner Filz im schwarzen Schafspelz

oder

„Die braunen Schafe in der schwarzen Szene"

...

meinen Kindern,

die sich trotz aller Versuche meinerseits zu
einem eigenständigen Musikgeschmack
durchgerungen haben

...

Inhaltsverzeichnis

Einleitung

Die Anlässe, dieses Buch zu schreiben sind und waren vielfältig. Einerseits fielen mir natürlich oft die heidnischen/pseudoheidnischen T-Shirt-Credos à la „Odin statt Jesus" auf Festivals und Konzerten auf, denen zumindest oft ein mit „Neuheidentum ist kein Faschismus" angedeutetes Bekenntnis zum Grundgesetz hinzugefügt wurde und wird.

Differenzierter und systematischer versuchte ich die Problematik erstmals zwischen 2009 und 2011 zu betrachten, als ich mich als Lehrkraft im Rahmen einer zweijährigen Auseinandersetzung mit dem Themenfeld „Metal" mit einem Oberstufenkurs im Rahmen des Seminarfachs[1] näher der Thematik widmen durfte. Gerade die – teilweise recht guten – Facharbeiten einiger meiner Schülerinnen und Schüler[2] warfen jedoch stets mehr Fragen auf, als sie beantworten konnten, da der Rahmen einer Facharbeit nie ausreichte, einen auch nur annähernd befriedigenden Bogen über die Akteure, die Quellen und die zugrundeliegende Symbolik zu spannen.

---

1 Das sogenannte Seminarfach übernimmt im Rahmen der Schulzeitverkürzung („G8"; „Turboabi") in Niedersachsen den wissenschaftspropädeutischen Teil, der vorher durch die Leistungskurse/Schwerpunktkurse abgedeckt wurde.

2 Ich möchte hier besonders Marcel Machon und Maximilian Pöhler dankend hervorheben, die mir im Anschluss bereitwillig ihre Quellensammlung überlassen hatten.

Als alternativer Buchtitel schwebte mir „Braune Wölfe in schwarzem Schafspelz" vor, der an das Lied *August der Schäfer* des kürzlich verstorbenen Liedermachers Franz-Josef Degenhard[3] angelehnt gewesen wäre.[4] Diese Anspielung wäre mir wichtig gewesen, um einerseits die Kontinuität der Problematik zu belegen (dazu sei auch Peter Glotz und sein Buch „Die Deutsche Rechte" genannt, das auch den folgenden Aspekt anschaulich würdigt). Andererseits geht es mir hier eben nicht (nur!) um die extremen Formen rechter Polemik in der Rock-/Metalkultur, sondern eben auch um die „sanften" braunen Spuren, die uns zaghaft in die Boxen geweht werden. Haben wir hier einen graubraunen Bereich, in dem sich Rechte und Nicht-Rechte zufällig treffen oder wird das Heidentum konsequent missbraucht, um faschistische Lehren durch die religiöse Hintertür und unter dem Schutz der Religionsfreiheit als hoffähiges Gedankengut zu etablieren?

Ohne zu viel vorwegzunehmen, bejahe ich beides schon im Vorfeld, um zu unterstreichen, dass die Problematik

---

3   Der Titel, der auch als „Wölfe mitten im Mai" bekannt wurde, erschien 1965 auf gleichnamiger LP.

4   Der Untertitel „Die braunen Schafe in der schwarzen Szene" könnte irrtümlich auf die EMP/Wave-Gothic-Szene verweisen, die mit der gleichen Problematik zu kämpfen hat. Hier habe ich den Ausdruck „Schwarze Szene" lediglich als Gegenstück zum „braun" gewählt, da „Die braunen Schafe im schwarzen Metal" doof geklungen hätte!

eben nicht in den Themenbereichen Politik und Religion allein beantwortet werden kann.

Die bereits ausgiebig geschilderten rechten Exzesse, die ihren Ursprung in der (nicht nur norwegischen) Metalszene haben, sollen nicht der Kern der Beobachtung sein.[5] Trotzdem werden wir nicht umhinkommen, diese Fälle exemplarisch wieder aufzugreifen. Im Gegensatz zum bemerkenswerten Buch „Unheilige Allianzen" des Sozialwissenschaftlers Christian Dornbusch und des Politikwissenschaftler Hans-Peter Killguss soll hier nicht weiter enthüllt, sondern der Weg dargestellt werden, den eine Subkultur vom jugendlichen Aufbegehren hin zu totalitären Allmachtsphantasien gehen kann.

Dabei soll rechtes Gedankengut in der Musik (hier ausschließlich betrachtet: Rock/Metal) weder verharmlost oder gebilligt, noch gutgeheißen werden. Vielmehr werde ich im Folgenden versuchen, die bereits mehrfach geschilderten ideologischen Missstände sachlich in einen Gesamtzusammenhang aus Jugendkultur, Adoleszenz und Musik- und Kulturgeschichte einzuordnen.

So wird zuerst dargestellt, inwieweit sich die Metalszene selbst als Subkultur vom Mainstream abzuheben bemüht. Bei der Einteilung der musikalischen Subgenres werde ich mich (auch um

---

5   wie die norwegischen Morde, Selbstmorde und Kirchenbrandstiftungen 1992/93 oder den „Satansmord" von Sondershausen, der in die gleiche Zeit fiel.

Definitionsstreitigkeiten mit Erbsenzählern aus dem
Wege zu gehen) an die vereinfachte Unterteilung
Dietmar Elfleins halten, der lediglich drei
Obergruppierungen zur Grundlage seiner
musiktheoretischen Beobachtungen machte. Dabei
unterschied er die noch blueslastige Sparte des Hard
Rock/Classic Rock/Lite Metal, von der des Classic
Metal/ Heavy Metal / (aus der Phase der NWoBHM)
und der Gruppe der Extremformen des Metals, die
gänzlich ohne Blueseinflüsse, sondern eher durch
Punkeinflüsse geprägt sind, wie der Thrash- und
Speedmetal.[6] Sollten weitere Formen genannt werden,
so wird diesbezüglich kurz mein Verständnis dessen
erläutert.

Darauf aufbauend wird nacheinander die religiöse,
politische und kulturelle Dimension des Metals
abgefrühstückt, um dem Leser zumindest ein paar
Gedankengänge mehr an die Hand zu geben, wenn er im
Einzelfall entscheiden möchte, ob er bezüglich eines
Künstlers oder einer Band eher das Fell des schwarzen
Schafes oder den braunen Filz sehen möchte.

Wird im Folgenden von „Heidentum" geschrieben, so
beziehe ich mich keinesfalls auf alle Religionen, die
eine Vielzahl von Naturgöttern vorweisen können.
Vielmehr beschränke ich mich auf den sogenannten
neuheidnischen Paganismus (oder Neopaganismus),
wobei in Kapitel 2.2 erläutert werden wird, inwiefern

---

6   Elflein, 2010, S.45f.

eine diesbezügliche Definition meines Erachtens
ohnehin nicht möglich und damit unnötig erscheint.

15

1. Von der Notwendigkeit ab und zu ein schwarzes Schaf sein zu wollen

Alternative Überschrift: Die Rolle des Metals als Sub- und Gegenkultur

Heavy Metal ist nicht nur Musik. Heavy Metal ist eine ganzheitliche Ausdrucksform. Wofür? Da mögen sich die Geister scheiden. In seinen Ursprüngen – und hier sollen nicht die oft zitierten Genre- und Stil-Stammbäume den Weg aus den amerikanischen Baumwollplantagen über die Vororte Birminghams rezitiert werden – kann jedoch jeder Zweig, der in die heutigen Formen des Metals einfloss, stets als eine Gegenbewegung zu Bestehendem ausgelegt werden. Metal ist demnach nicht nur ein sinnliches Genussmittel, sondern auch immer ein Schrei ins Gesicht der ihn umgebenden Gesellschaft. Frank Schäfer fasst diese Ganzheitlichkeit des Metals folgendermaßen zusammen: „Am Anfang [der meisten Metal-Bands] steht immer der Junge vorm Spiegel."[7] Er betont in seinen Ausführungen die Rolle der Musik als Medium um Texte (und nonverbale Äußerungen wie Posen) zu transportieren, die nicht mehr zum Selbstzweck als akustisches Kunstwerk allein im Raum

---

7 Frank Schäfer 2010, S.162, auch bei Nohr/Schwaab, 2011, S.23

stehen kann, sondern gleichwertig neben Inhalt und (oft wenig klar definierter) „Message" einen neuen Stellenwert erfährt.

„Ich wollte hart sein, hart wie Rocker oder Berg-und-Tal-Bahn-Kassierer (die, die immer aufsprangen und mitfuhren, um die Chips zu kassieren), oder wie Disco-Acer mit dünnem Oberlippenbart, Röhrenjeans und Mittelscheitel."[8] (Rokko Schamoni)

Wir – die Vertreter der Subkultur „Metal" – wollen HART sein. „Hart" ist sinn- und namenstiftender Bestandteil des Begriffs „Hard Rock", der quasi als Altes Testament des Heavy Metals diesem den Weg bereitete. „Hart" ist auch eine der grundlegenden Eigenschaften des Metalls, welches einer rund um das Jahr 1980[9] erschienenen neuen Dimension musikalischen Schaffens und damit einhergehenden (vorerst Jugend-) Kultur den Namen gab. Metall spielt in der Evolution dieser Kultur eine immer wiederkehrende Rolle. Ob im Namen der stilprägenden Bands[10] oder deren Alben[11], in den Schriftzügen, Texten

---

8   Rokko Schamoni: „Dorfpunks", Rowohlt Verlag GmbH, Hamburg, 2004, S.17

9   Mit der sehr vagen zeitlichen Eingrenzung möchte ich hier Konflikten mit dogmatisch besser wissenden Menschen aus dem Weg gehen.

10 Die bekanntesten Vertreter sind mit Sicherheit Iron Maiden und Metallica. Die Liste ließe sich aber beliebig fortsetzen.

11 Auch hier sollen *British Steel* und *Steel meets Steel* lediglich Belege ohne Anspruch auf Vollständigkeit

und vor allem dem Erscheinungsbild der „Metalheads", „Heavys" oder „Metaller"; die Härte des Materials wird als symbolhaftes Aushängeschild einer nach außen getragenen „verhärteten" oder „gestählten" inneren Einstellung vom Betrachter automatisch mit der Metalkultur in Verbindung gebracht. Diese „Stählung" des Rezipienten war laut Tonislav Kosic einerseits Notwendigkeit, um dem Metaller, der ursprünglich als gesellschaftlicher Verlierer der Gesellschaft wahrgenommen wurde, Ermächtigungs-Erfahrungen („empowering") in seinem Dasein zu ermöglichen, andererseits weckte die Musik „Sinnstiftungsgefühle" durch Identifikationsangebote.[12] Diese „Stählung" erfolgte nicht nur individuell, sondern in Form von „Anfeindungen von außen" hin zu einer kollektiven „Konsolidierung im Innern" der ganzen Metal- Kultur.[13] Durch die radikale Abgrenzung der eigenen Umwelt von der Hauptkultur (unabhängig davon, ob man das selbst geschaffene Lebensumfeld als Subkultur oder Gegenkultur versteht) wird laut Jörg Eggeling einerseits „Eigenidentität [erprobt]", andererseits werden hier „psycho-emotionale Bedürfnisse" befriedigt.[14] Dass

---

    darstellen.
12 Tomislav Kosic in Nohr/Schwaab, 2010, S.120f.
13 ebd., S.115
14 Eggeling, 2003, S.199. Darüber hinaus erwähnt er (mit Bezug auf Hurrelmanns Sozialisationstheorien), dass die Zugehörigkeit zur Metalkultur selbst sowohl die Ursache für Anfeindung durch „[intollerante] Nicht-Fans und Erlebnisse in den Bildungsinstitutionen" als auch die Folge dessen sein könne. (ebd. S.210) Zur Funktion des Metals als „Empowering"-Instrument gemäß Kosic fügt

diese in sich selbst begründete Anfeindung
sinnstiftender Selbstläufer werden kann, schildert
Hosen-Sänger Andreas Frege für den besonders in den
Anfangstagen noch eng mit dem Metal verwandten
Punk, indem er schildert, dass aus dem „Nichtshaben"
und „nichts dolles Sein" ein „Kult"[15] wurde, der für
„eine Riesenspritze Selbstsicherheit"[16] sorgte.

Dass sich dieser Wunsch nach Härte in Schamonis
Roman „Dorfpunks" dem Wunsch nach Mädchen
trotzdem grundlegend entgegenstellte, mag sich in der
geteilten Leidensgeschichte auch vieler Metaller
widerspiegeln. Die Frage nach der Notwendigkeit der
„Härte", die sich aufgrund der Entbehrungen, die ein
männlicher Heranwachsender auf sich nimmt, ergibt,
soll hier über einen kleinen Umweg abgehandelt
werden. Der Kulturtheoretiker Greil Marcus beschreibt
1989 die Aufgabe harter Musik als Instrument der
Abgrenzung von der vorherrschenden ästhetischen
Wahrnehmung am Beispiel der Sex Pistols
folgendermaßen: „[Ihr Sound] war irrational; als Sound
schien er total unsinnig zu sein, schien gar nichts zu tun,
außer zu zerstören, deshalb war es ja ein neuer Sound
und zog einen Trennungsstrich zwischen sich und allem,
was vorher war, genau wie es Elvis Presley 1954 und

Eggeling hinzu: „Lautstärke ist Kraft und Wucht." (2003,
S.220)
15 Friedler, 2012, Min.14,02ff.
16 ebd., Min. 15,04f.

die Beatles 1963 getan hatten."[17] Diese kurze
Aufzählung würde ich gerne ergänzen und auch etwas
tiefer darstellen. Elvis´ Hüftschwung gepaart mit einer –
für damalige Zeiten sonderbaren Frisur – (wobei sich
die Eigenschaften des Haupthaares und deren
argwöhnische Betrachtung durch die Umwelt auf alle
im Folgenden dargestellten Beispiele übertragen lässt)
bedeutete nicht nur einen Tabubruch bezüglich erotisch
anmutender Bewegung, sondern erfuhr auch als eines
der ersten der Jugendkultur zuzuordnenden
Exportartikel des englischsprachigen Kulturkreises
wirklich weltweite Aufmerksamkeit.[18] Die Beatles
mussten, nachdem ihre ebenfalls gewagten Frisuren
nicht ausreichten, um der jungen Generation genügend
Abgrenzungspotential zur Verfügung zu stellen, schon
härtere Geschütze auffahren. Vergleiche mit Jesus und
die Hinwendung zu zwielichtigen Gurus sowie die
Propagierung von Drogen bildeten die neue Stufe, die
erklommen wurde. Die Stones erreichten das neue Level
durch ein noch aggressiver zur Schau gestelltes „Bad
Guys"-Image, welches beim Altamont-Festival am
6.12.1969 in der Rekrutierung der Hells Angles als
Ordner gipfelte, deren Folge ein Gewaltexzess mit
einem Todesopfer war. In den Siebzigern veränderte

---

17 Diederichsen, 2010, S.51

18 Vermutlich hätte man sogar mit der Rolle amerikanischer
   Swingmusik und deren von den Nazis als „zersetzend"
   eingestuften Wirkung für die deutsche Jugend anfangen
   können, der Abstand zur Thematik „Metal" erschien mir
   jedoch trotz einer direkten genealogischen Verbindung der
   Musikstile zu weit zurückgegriffen.

sich die Form des musikalischen Protestes nicht signifikant, sondern vorerst nur deren Intensität. Led Zeppelin und Deep Purple schlugen den von Stones und Beatles eingeschlagenen Weg noch steiler ein und präsentierten eine nicht gekannte Härte und Haarlänge,[19] Black Sabbath filterten langsam aber sicher die hippiesken Einflüsse aus der Musik und minimalisierten diese zu einer Frühform des Metals, trotzten den gesellschaftlichen Normen aber in erster Linie durch ein bis dato neues düsteres Image.[20] Währenddessen erstaunt Richie Blackmore die Welt mit in Flammen aufgehenden Gitarrenverstärkern. Da nun auch die destruktive Energie des Rocks getoppt werden musste, schlugen wenig später KISS allabendlich ihre Gitarren kaputt, um mangelnde musikalische Härte durch umso härteres (und geschminkteres) Auftreten zu kompensieren. Gleichzeitig erhob sich der Punk, der

---

19 Glenn Hughes bringt es auf die Formel: „Rock is not supposed to be polite" in: Drew Thompson, Tim Goldby, 2011, Min. 21,55

20 Dass eine Steigerung des „Düster-Images" allein inzwischen ausreichen kann, um musikalische Härte gänzlich zu ersetzen, zeigt sich im Erfolg der Band „Unheilig", die weder musikalisch noch textlich sonderlich extreme Wege eingeschlagen haben, außer dem imagereichen Namen und die konsequente Benutzung des Künstlernamens „der Graf" für den *Godfather of Dark Schlager* Bernd Heinrich (übereinstimmende Namensangaben bei „treffpunkt-schwarz.de; Bild.de; und Wikipedia). Dies führte sogar zu einem Auftritt auf dem sonst eher weniger schlagerlastigem Wacken-Open-Air im Jahr 2007. Erst 2011 wurde durch einen Auftritt von Roberto Blanco diese Tradition wieder aufgegriffen.

zusätzlich zum extremen äußerlichen Auftreten im
Gegensatz zum intellektuellen und teilweise
konstruktiven Protest der Hippie-Aera jegliche Autorität
und Ordnung ablehnte, und so die „68er" an Radikalität
in den Schatten stellte. Den von Black Sabbath
geebneten Weg konnte am Ende der Siebziger die New
Wave of British Heavy Metal weiter beschreiten. Um
die Vorliebe für östliche Religionen im Fahrwasser der
Beatles und der düsteren Stimmung, die Sabbath und
Alice Cooper verbreiteten, zu steigern, mussten in den
Achtziger Jahren jegliche christlichen Werte des
Abendlandes durch einen offensiv zur Schau getragenen
Satanismus, der seitdem untrennbar mit der harten
Musik verwoben scheint, negiert werden.[21] In der DDR
fiel durch allgegenwärtigen Mangel jugendliches
Aufbegehren leichter, da beispielsweise das Tragen von
Jeans als politische Aussage gewertet wurde. Die Kritik
an der Gesellschaft fiel aber aufgrund möglicher
Repressalien zwangsläufig dezenter aus.[22] Diesem
Thema wird aber später noch ein eigenes Unterkapitel
gewidmet.

---

21 Satanismus ist hier nicht komplett neu (die Eagles spielen
beispielsweise bereits 1976 in ihrem Lied *Hotel California*
mit derartigen Klischees und Andeutungen), aber in der
Verbreitung und als massentauglicher Trend setzte die
New Wave of Brtish Heavy Metal gänzlich neue
Maßstäbe.

22 „Früher im Osten haben die Leute noch zugehört, da
haben Feinheiten zwischen den Zeilen gereicht. Jetzt sind
die Leute so abgestumpft, da hilft nur noch Gewalt."
Lorenz in FAZ 2009, zu Rammstein aber später mehr...

Hier beginnt der Zeitraum, der für die Thematik interessant wird. Bislang konnten wir eine konsequente Steigerung dessen entdecken, was als Alleinstellungsmerkmal einer jungen Generation genutzt wurde, um sich von dem abzugrenzen, was die vorangegangene (Eltern-) Generation als Provokation aufgefahren hatte.[23] Gylve Nagell schildert diesen Zusammenhang von konservativer Prägung und sich daraus ergebender (vorerst musikalischer) Radikalisierung und seine Hinwendung zu modernen Kunstformen mit der klassischen „Elch im Sonnenuntergang"-Kunst, welche er als typisch für konservative norwegische Wohnzimmer heranzieht, und ohne die er möglicherweise nicht den gegangenen Weg eingeschlagen hätte.[24]

Innerhalb des westeuropäischen und nordamerikanischen demokratischen Rechtsstaates hatte das liberale System nicht mehr viel zu bieten, um die hergebrachten Normen in Frage zu stellen. So stellt Frank Thorwarth von Tankard fest, dass es „eine Katastrophe" sei, dass „die Kinder [in der heutigen Gesellschaft] gar keine Chance mehr haben, in irgendeiner Form abzuweichen. Es wird immer

---

23 Eggeling bezeichnet diesen Prozess der Steigerung als einen Schutz der „künstlerischen Produkte der Radikalität vor dem [...], was durch Kommunikation mit der auf Massenkonsum ausgerichteten Gesellschaft widerfuhr: der Ausverkauf ihres Stiles und somit auch ihrer Ideale". (Eggeling, 2003, S.218f.)
24 Aites/Ewell, 2008, Min. 44,56-45,25

schwieriger, weil der Kommerz und der Druck, immer
mehr den Mainstream lang zu gehen, damit die
Companies ihre Klamotten verkaufen können[...stetig
wächst]."[25]

Auch stellte gerade der norwegische Black-Metal in
seiner extremen Form ein Gegensatz zur geglätteten
Casting-Show-Kultur dar, welche auf die potentielle
Möglichkeit schielt, gecastete Künstler möglichst
erfolgreich zu vermarkten. Der norwegische Black-
Metal wird durch seine Extreme von Kjetil „Frost"
Haraldstat (Satyricon) als „rein" und dadurch
„unkommerziell" bezeichnet,[26] wodurch er eine perfekte
Gegenwirklichkeit zu den abgelehnten
gesellschaftlichen Normen herzustellen vermag. Julia
Eckel betont, dass der Metal nicht nur musikalisch,
sondern auch inhaltlich und optisch Grenzen
überschreite, um die Abgrenzung zur Gesellschaft
erfolgreich fortführen zu können.[27] Diese „Radikalität"
schütze darüber hinaus vor „einer allzu schnellen

---

25 Frank Thorwarth in Guillera/Iller, 2010, Min.79,20ff.

26 Aites/Ewell, 2008, Min. 67,45-67,55

27 In seiner Rezension zum Film „Until the light takes us"
   bemerkt Torsten Dörting passenderweise: „Ausgerechnet
   im kleinen, friedlichen Norwegen? Natürlich. Wo sonst?
   Wo sonst hätte das Ur-Versprechen des Rock so radikal
   eingelöst werden können als in dem Erdöl-finanzierten
   Supersozialstaat Norwegen, der seine Bürger nur vor
   einem Lebensrisiko nicht schützt: Langeweile. Und von
   wem sonst als von Jungs, die gegen eine Gesellschaft
   revoltieren, die sich liberal gibt, im Kern aber furchtbar
   uniform ist und homogen?" (http://www.bifff-
   berlin.de/aktuell72.html)

Vereinnahmung durch den Mainstream".[28] Zu dieser
„Vereinnahmung" folgen im Laufe dieses Kapitels noch
Beispiele.

Ein Musterbeispiel dafür, dass eine ehemalige
Provokation nicht nur über die Jahrzehnte ins Leere
laufen kann, sondern sich sogar in ihr Gegenteil
verkehren kann, ist der Text des AC/DC-Klassikers
Highway to Hell vom gleichnamigen Album aus dem
Jahr 1979. Unabhängig vom kurz darauf folgenden Tod
des Sängers Bon Scott bietet der Text alle Muster, die
jugendliches Aufbegehren von allem abgrenzt, was sich
die Elterngeneration der „damaligen" Zeit wünschte.[29]
Das ideale Leben wird als eine Party – bei der das
eigene Überleben nicht wichtig scheint und die einen
Lebensstil voraussetzt, der nicht auf eine sichere
Zukunft ausgerichtet ist – dem auf Fleiß ausgerichteten
Sicherheitsbedürfnis der Nachkriegsgeneration nicht nur
entgegengestellt, sondern sogar quasi ins Gesicht
gespuckt. Die Nennung der Freunde in der ersten
Strophe verweist darüber hinaus noch auf die
Peergroup, bzw. die Generation, welche sich als Ganzes
von den Werten der erziehenden Generation abwendet.

---

28 Eckel in Nohr/Schwaab, 2010, S.66
29 Alternativ hätten *My Generation* von TheWho (1965), *The
    logical Song* von Supertramp (1979) und *Another Brick in
    the Wall (part II)* von Pink Floyd (1979) genannt werden
    können, wobei – bei ähnlicher Grundtendenz - keines
    dieser Werke so komprimiert und umfassend die ältere
    Generation provoziert, wie das von AC/DC oben
    beschriebene.

Alles, was irgendwie reizbar wäre, wird hier zusammengeworfen und mehr oder minder kunstvoll zu einem Aufschrei einer Generation vermengt. Wie wenig hier ernsthaft der Leibhaftige – trotz der direkten Anrede mit dem Hinweis, diverse Schulden bezahlt zu haben (in der Regel ist der Preis beim genannten Herren stets eine Seele fuffzig) – als Adressat einer Huldigung im Mittelpunkt steht, sollte spätestens zwei Zeilen später klar werden, als die Mutter direkt auf das Geschäft mit dem Gehörnten (bei dem offensichtlich auch das Spielen in einer Rock-Combo eine wichtige Rolle spielt) hingewiesen wird.

Living easy, loving free - Season ticket on a one-way ride
Asking nothing, leave me be - Taking everything in my stride

Don't need reason, don't need rhyme - Ain't nothing I would rather do
Going down, party time - My friends are gonna be there too

I'm on the highway to hell - on the highway to hell
highway to hell - I'm on the highway to hell

No stop signs, speed limit - Nobody's gonna slow me down
Like a wheel, gonna spin it - Nobody's gonna mess me round
Hey Satan, payed my dues - Playing in a rocking band
Hey Mamma, look at me - I'm on my way to the promised land

I'm on the highway to hell - highway to hell -
I'm on the highway to hell - highway to hell
(Don't stop me)
I'm on the highway to hell - on the highway to hell
I'm on the highway to hell - on the highway to hell
highway to hell
I'm on the highway to hell - highway to hell - highway to hell
- highway to hell
And I'm going down, all the way
I'm on the highway to hell

„Highway to Hell", Atlantic Records, 1979

Besonders „böse" scheint hier die Zielrichtung „Hölle" zu sein (wo offenbar gute Partys vermutet werden, wie die erste Strophe verspricht), auf die sich das Leben als Wunsch fokussiert.

Besonders dankbar schlägt der meist in evangelikalen Kreisen gelesene Autor Ulrich Bäumer auf gewünschte Weise auf die gezielte Provokation an. In seiner Anti-Metal-Bibel „Wir wollen nur deine Seele", die jedem Kuttenträger in den Achtziger Jahren des letzten Jahrhunderts mindestens einmal im Leben unter die Nase gehalten wurde, bringt er Scott´s Tod durch mannigfache Andeutungen indirekt in Verbindung mit genanntem Lied und lässt nach dem Erscheinen des Nachfolge-Albums „Back in Black" incl. des Liedes „Hells Bells" keinen Zweifel daran, dass auf diese

Kapelle nichts anderes als eine Zukunft in der Hölle warte.[30]

All dies führte dazu, dass nicht nur dieses Lied, sondern ein ganzes Genre über Jahre von den Rundfunk-Medien gänzlich ignoriert wurden (wenn man in meiner Jugend von einer Stunde „Hard ´n´ Heavy" auf HR3 am

---

30 Bäumer, 1984, S.83f. In seinem zweiten Werk versucht er gar mit wissenschaftlichen Begründungen Rockmusik als solche, unabhängig von deren Inhalten, für Irrungen und Wirrungen junger Menschen verantwortlich zu machen. Darüber hinaus gibt es aber durchaus ernstzunehmende Ansätze, die den gewünschten Charakter einer Jugendkultur beschreiben. So bemerkt er, dass „Rock nämlich auch ein *außermusikalisches* Symbol" sei, das ein „*Protestsymbol* der jugendlichen Auflehnung gegen die bestehende Erwachsenenwelt" darstelle. In seinen weitergehenden Ausführungen kommt er allerdings zum Schluss, dass es „Akteure" gebe, die (u.a. durch das „Anpreisen sexueller Verirrungen") „tatkräftig darum bemüht" seien, „der abendländischen-christlichen Moral und Tugendlehre den Garaus zu machen". (Bäumer, 1988, S.155) Relativierend verweist er zwar im Folgenden darauf hin, dass einige Negativbeispiele in keinem Fall auf die komplette Stilrichtung verallgemeinert werden dürfe, jedoch nicht ohne darauf hinzuweisen, dass diese „insgesamt von bedenklichen Strömungen und negativen Erscheinungen auf traurige Weise durchsetzt" sei (ebd. S.157). Selbst das früher anscheinend allgegenwärtige Backward-Masking wird ausgiebig behandelt, was aufgrund der heute mehr oder wenig deutlich *vorwärts* gesungenen Texte jeglicher Art den jüngeren Metalheads gar nicht mehr bekannt sein dürfte, so verdanken wir diesem Phänomen des späten zwanzigsten Jahrhunderts zumindest den Trash- (nicht Thrash-!) -Streifen „Ragman" von 1986. Benjamin Maack hat unter der im Literaturverzeichnis angegebenen Quelle 15 teils lustige, teils verblüffende Beispiele (mit Ton) zusammengestellt.

Sonntag Abend um 22 Uhr absieht, mit dem der
öffentlich-rechtliche Hessische Rundfunk seinem
Grundversorgungsauftrag nachkam).
Diese Klänge hätten der breiten Hörerschaft im
dämmernden zwanzigsten Jahrhundert die Tränen in die
Augen getrieben.
Auch heute noch sorgt dieses Lied für Tränen. 32 Jahre
nach dem Erscheinen hat es sogar den Weg auf
Deutschlands liebste Familiencouch bei *Wetten Dass?*
geschafft. Am 8.10.2011 konnte die Nation Zeuge
werden, wie eine Mutter beim Anblick ihres Sohnes
Hagen Brüggemann ihre Emotionen nicht mehr
zurückhalten konnte, als dieser live an der Gitarre eben
dieses *Highway to Hell* intonierte. Nur sind es im Jahr
2011 die Freudentränen einer gerührten Mutter, die
voller Stolz auf ihren langhaarigen elfjährigen Sohn
blickt.
Fazit: Die Zeiten ändern sich, es wird immer schwerer,
negativ aufzufallen.

Um dieses Phänomen der Notwendigkeit,
Provokationen immer weiter zu steigern, damit diese als
solche überhaupt noch wahrgenommen werden, ein
weiteres Mal zu belegen, kann ich sogar auf meine

Halten wir aber Ulrich Bäumer zugute, dass seine Werke
Zeitzeugnisse des letzten Jahrhunderts sind, welche so
wahrscheinlich heute nicht mehr geschrieben worden
wären und dass ohne jenes dankbare Aufgreifen bewusster
Provokationen eine Etablierung des Metals als vorläufige
Gegenkultur nie funktioniert hätte. (Dazu mehr in Kapitel
5.2)

eigenen Erfahrungen zurückgreifen. Als ich (es muss im
Frühjahr 1984 gewesen sein) meine erste Rock-LP
kaufte (es war das Puhdys-Album *Das Buch*), erwähnte
die Einzelhandelsfachkraft in der Herborner
„Plattenkiste" gegenüber meiner Mutter, dass sie ja mit
meinem Musikgeschmack noch gut bedient sei, da es ja
Gleichaltrige gäbe, die sogar schon Motörhead hören
würden. Keiner hätte zum damaligen Zeitpunkt für
möglich gehalten, dass 25 Jahre später Babykleidung
mit Motörhead- , Ramones- und AC/DC-Logo bei
H&M auf den Wühltischen vorzufinden war.[31]

Abgrenzung in einer Subkultur durch eigene Riten und
Erkennungszeichen kann demnach nur funktionieren,
solange diese Grenzen (wie von Ulrich Bäumer) von
allen Beteiligten akzeptiert und eingehalten werden. Die
DIOsche Teufelshörner-Geste (als universelle Gruß-,
Erkennungs-/ Identifikations- und Begeisterungsgeste
der Metalkultur) rief Dee Snider auf den Plan, der in
ihrer medialen Allgegenwärtigkeit einen „Missbrauch
der Metal-Horns durch Unberechtigte" witterte und

---

31 Dornbusch/Killguss, 2005: Auf S. 191 wird Deathgate
   Arkanum-Sänger Lestahn (zwar ausschließlich auf den
   Black Metal bezogen, aber dennoch passend)
   folgendermaßen zitiert: „Damals, war alles noch nicht so
   überlaufen – heute ist die Szene doch völlig rationalisiert.
   Heute kannst Du zu Karstadt gehen, um Dir irgendein
   tolles Black-Metal-Album zu kaufen. Der Durchbruch der
   Norweger um die Jahrtausendwende hat der gesamten
   Szene mehr Schaden zugefügt als wir uns eigentlich
   eingestehen wollen: Black Metal ist gesellschaftsfähig
   geworden."

diese Grenzübertretung durch die von Ihm initiierte
Webseite „takebackthehorns.com" (bislang wenig
erfolgreich) bekämpfte.[32]

Darauf, dass diese Problematik lediglich an diesem
Beispiel sichtbar wird, wird von Tobias Winnerling
hingewiesen. Die Generation, die durch die etablierten
Gesten und Gewohnheiten seit den 70er Jahren das Bild
des Metals mitprägte, sei „mittlerweile schließlich kurz
vor Erreichen des Rentenalters".[33] Die ursprüngliche
generationenspezifische Intention des Aufbegehrens
gegen die Elterngeneration ist in diesem
„Mehrgenerationenprojekt" nicht mehr exklusiv einer
Altersklasse zuzuordnen.[34] Dem hält Bruce Dickinson
entgegen, dass der Metalfan „an sich" im Kopf sein
Leben lang 15jährig bliebe. Komme „einem dieser
15jährige irgendwann abhanden, dann macht alles
keinen rechten Sinn mehr. Dann hüstelt man und sagt:
‚Nun ja, das war eine Zeit, die mir jetzt richtig peinlich
ist.' " [35] („They really get inside the mind of an eternal
15 year old. If you ever lose that 15 year old kid inside
of you, then it will not make sense at all. Then people
will start saying: that was a part of my life, i´m really
ambarassed of.")

Wahrscheinlich weniger als politisches Bekenntnis,
sondern eher als Möglichkeit, in der Peer-Group durch

---

32 Tomislava Kosic in Nohr/Schwaab, 2010, S.113
33 Tobias Winnerling in Nohr/Schwab, 2010, S.464
34 ebd.
35 McFadyen/Dunn, 2005, Min. 25,59ff.

Extreme aufzufallen, scheint es in Japan sogar möglich zu sein, deutlich offener mit provokantem Nazi-Look aufzulaufen, als es in Europa üblich und in Deutschland aufgrund des Strafrechts möglich ist.[36] McFadyen/Dunn zeigen einen Jugendlichen in kompletter Naziuniform,[37] der jedoch durch eine an Tokyo-Hotel erinnernde Frisur und ausreichend Kosmetik eher wie der „Bill Kaulitz vom Obersalzberg" als ein politischer Straftäter wirkt. Von diesem Blick auf den Rock als eine Abgrenzung stiftende Kultur sieht Dieter Prokop den Rock 'n' Roll, der heute als Sporttanz praktiziert wird. Entgegen der ursprünglichen „emotionalen Bedeutung: Rebellion gegen konventionelle Tanzschritte, […] die Tanzenden wirken wie Kämpfer" wurde die sportliche Variante entemotionalisiert. Die ursprüngliche emotionale Aufladung würde dort nur noch durch ein „standardisiertes Lächeln" angedeutet.[38]

Dass die geschilderte Problematik nicht in meiner Jugend gipfelte, sondern kontinuierlich weiterfloss, wird auch von der heutigen Jugendgeneration als eine solche empfunden. Die deutsche Band Kraftklub besingt das Dilemma, dem junge Menschen heute mehr denn je ausgesetzt sind, im Lied *Zu jung*, welches 2012 auf dem Album *mit 'k'* erschien, folgendermaßen: *„Ich bin 20, einer ganzen Generation geht es ähnlich. Pornos,*

---

36 Diesbezüglich ist der britische Königsspross Prinz Harry
   als prominente Ausnahme zu vermerken, der im Rahmen
   eines Kostümfestes ebenfalls mit Nazi-Uniform in der
   Öffentlichkeit zu sehen war. (u.a.: spiegel.de, 2005)
37 McFadyen/Dunn, 2008, Min. 23,10ff.
38 Prokop, 1995, S.237

Gruppensex, alles schon mal dagewesen. Wir haben
Philip Roth 10 Jahre danach gelesen. Unsere Eltern
kiffen mehr als wir. Wie soll man rebellieren? Egal wo
wir hinkommen, unsere Eltern waren schon eher hier. "

2. Die Religion der schwarzen Schafe *oder* Die Transzendenz in der Metalkultur

„Wie bei vielen Heavy Metal-Künstlern enthält auch seine [R.J.Dios] Musik ein große Anzahl religiöser Symbolik, die im krassen Widerspruch zu den betroffenen Religionen steht. Insbesondere dem Christentum."[39]

Dass sich der hier – in erster Linie wegen seiner herausragenden Stellung in den Medien – öfters erwähnte Alice Cooper im Alter als geläuterter Ex-Junky zum evangelikalen Christentum bekennt und sogar zum Prediger hat ausbilden lassen, ist selbst treuen Metalfans plötzlich unheimlich (sogar noch unheimlicher als seine Shows). So äußert sich Frank Schäfer pikiert über Äußerungen Coopers, der seiner Show eine inhaltliche (dem christlichen Glauben nicht widersprechende) Tiefe anheften möchten.[40] Gleichzeitig ist für ihn die Atmosphäre des Wacken-Open-Airs eine Ausdrucksform der „christlichen Ethik"[41], wenn nicht sogar des real existierenden Katholizismus. Der im Anfangszitat genannte

---

39 Sam Dunn in Dunn/McFadyen, 2005, Min. 59,55 ff.
40 Schäfer, 2010, S.29
41 ebd., S.57

Widerspruch scheint geradezu *zu* offensichtlich zu sein, als dass man ihn anzweifeln wolle. Aber gerade in der nach außen propagierten Ablehnung des Christentums ergibt sich die Frage, worin denn eigentlich das religiöse Moment der Metalkultur besteht.

Soll eine Auseinandersetzung mit den religiösen Inhalten des Metals unter der Voraussetzung erfolgen, dass diese eine Jugend-/Sub- oder sogar Gegenkultur ist, muss zumindest die Religiosität dieser Jugend kurz unter die Lupe genommen werden. Ich habe mich bewusst für die Daten aus der quasi schon historischen Shell-Studie „Jugend92" entschieden, da dort die Fakten genannt werden, die in der Gründerzeit der relevanten Phase der musikalischen Entwicklung, die wir hier betrachten, aktuell waren. Darüber hinaus liegt der Beobachtungsschwerpunkt der 92er-Shell-Studie auf dem Vergleich Ost-West. Dies führt zu interessanten Beobachtungen in Hinblick auf die im Folgenden genannten Thesen Weinsteins. Zuerst sollte aber die Tendenz genannt werden, dass (gemessen an Gottesdienstbesuch und an Gebetsfrequenz) die kirchlich gebundene Religiosität der Jugend auf dem Rückzug ist. Dem steht jedoch ein Aufschwung bezüglich „persönliche[r] Religiosität und transzendente[r] Glaubensvorstellung"[42] entgegen. Entgegen früher Vermutungen führte das Ende der antireligiösen Repressalien des SED-Staates jedoch nicht zu einer blühenden Religions- und

---

42 Behnken/Fischer, 1992, S.239

35

Sektenlandschaft, vielmehr setzte sich der Säkularisierungstrend auch in Ostdeutschland ungebremst fort.[43] Aufgrund dessen konnte auch die Jugend- und Subkultur anders als im Westen nicht auf ein kirchlich geprägtes Feindbild der „Erwachsenenkultur" zurückgreifen. Vielmehr wurden „Okkulte und Gruftis […] von jungen Ostdeutschen häufiger aktiv bekämpft oder als Gegner empfunden".[44] Die Empfindung der christlichen Kirchen als subversives Element im Arbeiter-und-Bauern-Staat zeigt sich auch darin, dass Kirchen Räume für Geheimkonzerte der Toten Hosen zur Verfügung stellten.[45] Im Gegensatz dazu wurde eine Kirche in Bayern neu geweiht, nachdem die Toten Hosen dort 1983 ihren Videoclip zu „Eisgekühlter Bommerlunder" unter anderem mit Marianne Sägebrecht gedreht hatten.[46] Bezüglich des Kapitels „Wo Subkultur auf Politik trifft"[47] und in Hinblick auf den im Vorangegangenen erläuterten Aspekt der jugendlichen Provokation ist hier auch folgende Beobachtung der 92er Shell-Studie zu erwähnen: Die Christlichen Kirchen bieten – wie auch DIOs Eingangsstatement zu diesem Kapitel zu entnehmen ist - meist den Gegenpol zur Jugendkultur, da sich durch die christlich geprägten

---

43 ebd.

44 Behnken/Fischer, 1992, S.239

45 Leue, 2010

46 http://www.campinors.de/discografie/vinyl-paradies/ und
    http://www.mtv.de/music/207636/bio-Die%20Toten
    %20Hosen.html

47 Kapitel 3

Moralvorstellungen Abgrenzungspotential für Heranwachsende vom ethischen Mainstream der Gesellschaft ergeben. Wenn das Christentum als moralische Instanz wegfällt, wie es die staatliche Doktrin der DDR propagierte, fällt zwangsläufig auch die kirchen- und christentumsfeindliche Haltung als Abgrenzungspotential für Jugendliche weg. Dies führte zu unterschiedlichen jugendlichen Sozialisationstypen im deutsch-deutschen Vergleich. Während der christlich/kirchlich geprägte Jugendliche „West" einen „konsumorientierten", „anpassungsbereiten" und „optimistischen" Charakter ausbildet und dabei ein geringerer Wert auf Freiheit und „Subkulturorientierung" gelegt wird, wobei Werte wie „Tradition", „Soziale Ordnung" und „nationale Sicherheit" hohe Zustimmung finden und „Protestbereitschaft" kaum Zustimmung findet, führt die christlich/kirchliche Sozialisation „Ost" zu einem gänzlich anderen Jugendtypus.[48] Da hier eine christlich/kirchliche Sozialisation Opposition zum System bedeutete, ging sie dort mit „progressiven politisch-gesellschaftlichen Tendenzen und unkonventionellem Lebensstil einher", der auch zu einer höheren „Protestbereitschaft" führte.[49]

---

48 Behnken/Fischer, 1992, S.242f.

49 ebd., Darüber hinaus ist in jüngster Zeit zu beobachten, dass die Metal-Kultur – gänzlich in Widerspruch zum ursprünglichen Klischee - punktuell mit der Praktizierung des christlichen Glaubens (auch jenseits des „weißen" Hair-Metals der 80er Jahre) kombinierbar zu sein scheint, wie Felix Scheidel (2009) und Terhi Kinnunen (2008)

Aus den dargestellten Gesichtspunkten ergibt sich, dass sich Teile der im Folgenden geschilderten Zusammenhänge nur auf Staaten der westlichen Welt beziehen.

---

unter www.spiegel.de schildern. Dirk Modlt beschreibt 2009 sogar den Trend, dass gerade die extrem öffentlich gelebte Hinwendung zu einer radikalen Form des Christentums selbst zu einer Art jugendlicher Subkultur werden kann.

2.1 Metal ist „Satan"

Die Soziologin Deena Weinstein fasst die religiöse
Umwelt des Metals als „Spiel mit christlichen,
heidnischen Symbolen und mit populärkulturellen
Fantasyelementen" zusammen.[50] An anderer Stelle
betont sie jedoch auch die Verbindung des Metals mit
der vorherrschenden christlichen Kultur, von der es sich
augenscheinlich abzuwenden galt: „If there wasn't
Christianity, there wouldn't be Metal as we know it.
Religion is very crucial to it. Most of the creators in
Metal the first several years were raised religiously."[51]
(Deutscher Untertitel: Ohne Christentum gäbe es Heavy
Metal so nicht. Die Religion spielt eine ganz wichtige
Rolle. Die meisten Kreativen in der Metal-Szene,
zumindest in der Anfangsphase, wurden religiös
erzogen.)
Ethan de Seife sieht in diesem „Spiel mit alten
Mythologien" lediglich „den Versuch [...] [der Metal
Bands – *Anmerkung des Autors*] ihren
Vorstellungswelten Tiefe und Bedeutung zu geben".[52]
Diesen Eindruck unterstreicht auch der bekennende
Satanist und Schriftsteller Gavin Baddeley bezüglich
der Anfangsphase okkult anmutender Musik
folgendermaßen: „Heavy Metal has very much from the
dawn of the genre being associated with satanism. And
aswell Black Sabbath sang about satan as something to

---

50 in Nohr/Schwaab, 2010, S.142
51 Dunn/McFadyen, 2005, Min. 51,50ff.
52 in Nohr/Schwaab, 2010, S.142

be scared of, you know, some of the stuff must be described as a christian sentament, the fans however wanted a satanic band. And eventually commercial pressures made Black Sabbath exploited this connection between the Band an demonic ideas."[53]

(Deutscher Untertitel: Heavy Metal wurde von Anfang an mit Satanismus in Verbindung gebracht. Und obwohl Black Sabbath sangen, dass man sich vor dem Satan fürchten muss, was man fast christlich nennen kann, wollten die Fans eine Satans-Band. Kommerzieller Druck führte dazu, dass Black Sabbath diese Verknüpfung der Band mit dämonischer Symbolik ausschlachtete.)

Jörg Eggeling urteilt ähnlich, wenn er in diabolischen Anspielungen weniger reale Bezüge zu satanistischen Praktiken sieht, sondern eher ein „Demonstrationssymbol von Angst und Protest" vermutet, wo das Negativ der moralstiftenden christlichen Mehrheitsreligion dieser provokativ entgegengestellt wird.[54] Dem stimmt Corey Taylor, seines Zeichens langjähriger Sänger der nicht unumstrittenen NU-Metal-Band Slipknot zu :„It´s cool, and I don´t think, that any people that use them actually want satan to rule the world.".[55]

(Deutscher Untertitel: Das ist cool. Wer so etwas verwendet, will wohl kaum, dass Satan wirklich die Welt regiert.)

---

53 Dunn/McFadyen, 2005, Min. 62,31ff.
54 Eggeling, 2003, S.239f
55 Dunn/McFadyen, 2005, Min. 63,55ff

Attraktiv für eine Subkultur, die sich in ihren
Ursprüngen als Kultur der Ausgestoßenen betrachtete,
wird die inhaltliche Nähe zum gefallenen Engel Luzifer
zusätzlich durch dessen Rolle als „verstoßenes"
Mitglied der (himmlischen) Gesellschaft, dessen
Schicksal man zumindest gefühlt teilt.[56] Anja Mankel
geht sogar so weit, diese Abgrenzung und
Andersartigkeit, die sich aus der Verkehrung der
christlich geprägten Mehrheitskultur ergeben, als
Notwenigkeit der Metalkultur zu deuten, um sich
abgrenzen zu können, ohne ausschließlich „im
abgeschlossenen Szeneraum [….der...] Subkultur"
existieren zu können.[57] Josef Dvorak sieht die Funktion
Satans als Sinnbild für „Lust, Unbeherrschtheit,

---

56 Eggeling, 2003, S.241
57 Mankel, 2009, S.13: Die von Anja Mankel geschilderte
   Rolle okkulter/satanischer Symbolik als
   Abgrenzungsinstrument wird durch die besonders in der
   Frühzeit der Christianisierung Europas praktizierte
   Gleichsetzung von Andersgläubigkeit und Satan gefördert.
   So war das nordische Totenreich „Hel", das im
   ursprünglichen Sinn lediglich eine unterirdische Totenwelt
   war (die uns im deutschen Volkstum noch im Märchen
   von der Frau Holle begegnet), als Gegenstück zum
   propagierten ewigen Leben für Christen per se negativ
   besetzt. Das gleiche Denkmuster fand ich in einem
   Pamphlet evangelikaler Herkunft, welches meine Kinder
   einmal an Halloween anstelle von Süßigkeiten in die Tüte
   geworfen bekamen. Andersartige nichtchristliche
   Praktiken werden auch dort automatisch mit Satanismus
   gleichgesetzt. Dieser gedankliche Bogen wird hier jedoch
   nicht weiter vertieft, sondern in Kapitel 2.2 wieder
   aufgegriffen.

Heftigkeit, Übermaß und Sichgehenlassen"[58] –
Schlagworte, die man in ihrer Gegensätzlichkeit zu
gültigen Normen fast unkommentiert als unabdingbare
Bestandteile sowohl der Pubertät als auch dem Heavy
Metal zuordnen könnte. Jörg Eggeling schließt daraus,
dass die „okkulten Subkulturen" „keine religiösen
Gegenbewegung" darstellten, sondern der „Entdeckung
des eigenen Ich" dienten.[59] Die selbe Auffassung vertritt
der Theologe Friedrich-Wilhelm Haack, wenn er dem
modernen Satanismus den Protest zum Christentum
abspricht, um ihn als „Erfahrungsreligion" zu
bezeichnen, deren Glaubensinhalt „letztlich die absolute
Herrschaft des Menschen über sich selbst" sei.[60]
Dornbusch/Killguss bündeln diese Sichtweise auf das
„religiös-philosophische Patchwork Satanismus" mit der
These, dass dieser eine „Porjektionsfläche für die
Inszenierung einer vermeintlichen Religion" biete und
das „sozial Nicht-Erwünschte" repräsentiere.[61] Diese zur
Schau gestellte Gegensätzlichkeit könnte auch im
Slayer-Titel *God Hates us All* exemplarisch
zusammengefasst werden. Tom Araya unterstreicht
diesbezüglich die Negierung gesellschaftlicher Werte
anstelle einer religiösen Aussage: „He doesn´t hate, it´s
a great fucking title, well, I wanted to make that the
album-title, just god damn, that´s fucking really good, I

---

58 Zitiert in Eggeling, 2003, S.247
59 Eggeling, 2003, S.249
60 Haack, 1975 S.38f.
61 Dornbusch/Killguss, 2005, S.89

think it's fucking people off."[62] (Deutscher Untertitel:
Das ist bloß ein geiler Titel. Ich wollte das als
Albumtitel haben und dachte: Scheiße, ist der gut! Der
wird viele Leute ankotzen.)

Auf die Frage, welche Rolle sein katholischer
Hintergrund auf seine Musik hat, fügt er passenderweise
hinzu: „I guess, what we do is art, and art can be
reflection of society, and we're picking up the dark
reflections."[63] (Deutscher Untertitel: Was wir tun, ist für
mich Kunst und spiegelt die Gesellschaft wider. Und
wir kümmern uns eher um die dunklen Spiegelbilder.)
Sam Dunn vermutet zwar trotz der Aussage Arayas
einen ernsten Hintergrund, obwohl er die bei Teenagern
vermutlich erwünschte Wirkung im gleichen Atemzug
nennt:„Während Venom und andere frühe Metal-Bands
Satan benutzen, um die Leute zu schockieren, stellten
die Texte von Slayer einen unverhüllten Angriff auf das
Christentum dar. Und welcher Junge im Teenageralter
findet folgende Titel etwas nicht spannend: *Hell awaits*,
Haunting the Chapel, Reign in Blood. […] [Sie] waren
bekannt für ihre sehr drastischen Texte über Krieg und
Religion."[64] Florian Krautkrämer und Jörg Petri sehen
diesbezüglich eine klare Verbindung zwischen dem
Metal und der Horror-Film-Kultur, da beide „Positionen
jenseits einer christlich geprägten Lebenswelt [...und
des...] 'gesunden Menschenverstandes', aber auch
Außenseitertum" einnähmen, um sich von der

---

62 Dunn/McFadyen, 2005, Min. 67,35 ff.
63 Dunn/McFadyen, 2005, Min. 65,51 ff.
64 Sam Dunn in Dunn/McFadyen, 2005, Min. 65,09 ff.

bürgerlichen Gesellschaft abzugrenzen.[65] Diese Aussage bestätigt indirekt auch Alice Cooper: „The satanism, that you see, is no satanism. It´s some kind of caricature satanism, no satanism would be...if you´re looking for satanism, you won´t find it in rock´n´roll. Kids, running round, playing loud guitars, going like that, that´s halloween.“[66]

(Deutscher Untertitel: Der Satanismus, den du da siehst, ist kein Satanismus, das ist nur... Das ist karikierter Satanismus. Wer echten Satanismus sucht, findet ihn nicht im Rock´n´Roll. Ein paar Kids, die laut Gitarre spielen und den hier machen [zeigt die DIOschen Teufelshörner], das ist Halloween.)

Seine Affinität zu schockierenden Darstellungen lebt er nicht nur auf der Bühne aus, sondern hat er auch filmisch in diversen Horrorstreifen zum Besten geben können, um sein mühevoll aufgebautes Image pflegen und vertiefen zu können,[67] sieht aber die gesteigerte skandinavische Spielart des „Satanischen“ durchaus in der gleichen Tradition stehen: „I love going to Norway and Denmark, because I love picking up the Black-Metal-magazins. It´s so Spinal Tap. Because each band is trying to be more wicket and evil than the other band.“[68]

---

65 Krautkrämer/Petri in Nohr/Schwaab, 2010, S.87
66 Dunn/McFadyen, 2005, Min. 64,04ff.
67 Krautkrämer/Petri schildern in Nohr/Schwab,2010 (S.88f.) die Auftritte in *Monster Dog* (1984), *Freddy´s Dead: The final Nightmare* (1991) und (besonders köstlich!) *Prince of Darkness* (1987)
68 Dunn/McFadyen, 2005, Min. 76,35-76,49

(Deutscher Untertitel: Ich fahre gerne nach Norwegen und Dänemark, weil ich da gerne die Black Metal – Zeitschriften kaufe. Das ist so „Spinal Tap" – mäßig! Jede Band will bösartiger sein, als die nächste.)

Die hierzulande eher unbekannten DeathSS aus Italien, die bereits in den Siebziger Jahren im Metal-/Okkult-/Horrorlager die Verbindung aller Genres zu praktizieren pflegten, bezeichneten sich jedoch – auch als dies noch nicht notwendig war, auf die „Trueness" wahrlich hinzuweisen und zu bestehen – als „bekennende Satanisten", deren Texte „Stories und Visionen" beschreiben, die sie mit ihren „esoterischen Praktiken" auslebten.[69]

Um die neue Form und bislang nicht gekannte Intensität negativ und satanisch gefärbter Musik Anfang und Mitte der Neunziger Jahre zu beschreiben, definiert Sam Dunn (norwegischen) Black Metal als „Punkrock trifft auf Wagner, verkleidet als Alice Cooper."[70] Dem ergänzen Dornbusch/Killguss den sinnstiftenden Charakter satanischer Symbolik, der in „allen jugendkulturellen Ausdrucksformen" vorzufinden sei.[71]

---

69 Herr, 1990, S.88f.
70 Dunn/McFadyen, 2005, Min. 69,40 ff.
71 Dornbusch/Killguss, 2005, S.86: „Black Metal braucht die Stilisierung des Kampfes gegen das Christentum zur Setzung eines Feindbildes und der Bestimmung des Eigenen und Fremden."

2.2 Metal ist Heidentum

Dass die geschilderten Voraussetzungen auch einen nachvollziehbaren Weg zum Heidentum einschlagen, wird im folgenden Beispiel deutlich, welches ich bei David Lynchs preisgekröntem „Interview Project Germany" fand, bei dem auch der 24jährige „Slim" interviewt wurde.

Im äußerlichen Auftreten lehnt er sich an die Metalkultur (evtl. auch an die Gothic-/Dark-Wave-Kultur) an, weshalb ich überhaupt auf ihn aufmerksam wurde. David Lynch selbst stellt Slim als jemanden vor, der ausschließlich die Farbe „Schwarz" trägt. Obwohl Slim sich nicht eindeutig als Metalhead definiert, ist er aufgrund seiner Biographie ein Beispiel für die im Vorangegangenen (bes. in Kapitel 1) geschilderten Voraussetzungen, die den Metal als Subkultur überhaupt erst ermöglichten.

Die genannten Faktoren Außenseitertum und Ohnmachtsgefühle führen auch hier zu einer Nähe zu nordischen Naturreligionen. Dies ist in diesem Fall umso beachtlicher, als dass Slim aufgrund seiner Herkunft (sein Vater ist Araber) keine Nähe zum Germanentum aufweisen müsste.

Nachdem er seine tragische Kindheit in zerrüttetem Elternhaus schilderte, beschreibt er die Demütigungen, die er als Schulkind durch seine Mitschüler erleiden musste, weil er sich als stark übergewichtiges Kind von der Gruppe abhob und entsprechend Angriffsfläche als wahlloses Opfer bot. Anschließend schildert er seinen schwierigen Ausweg aus der Situation, bevor er auf die Religion zu sprechen kommt: „Bis jetzt der einzigste Glaube, den ich gefunden hab, der nichts direktes abverlangt, keine Kirche, kein Garnichts, ist der heidnische Glaube, der altgermanische. Und das ist so das Einzigste, was ich bis jetzt gefunden hab. Ich würd´ mich zwar jetzt nicht zu der Religion direkt bekennen, aber das ist das Einzige, was mich eher anzieht. Einfach ein Glaube basierend auf Ehre, Stolz, Ehrlichkeit, der einfach nur von dir verlangt: sei ehrlich, handle ehrvoll gegenüber deiner Frau, sei ehrlich gegenüber den Menschen, die du magst, oder auch die du nicht magst, selbst zu deinen schlimmsten Feinden, sei ehrlich denen gegenüber.“[72]

Die – wie im ersten Kapitel beschrieben – Stählung durch Anfeindung, verbunden mit einem Wunsch nach Anerkennung und Geltung macht das Heidentum für Slim attraktiv. Ganz offensichtlich wird nicht das Bedürfnis nach einer Religion durch das Germanentum gestillt, es dient viel mehr als Projektionsfläche für den Wunsch nach dem, was in Schule und Familie gefehlt hat. Dass die hier von Slim geschilderten Glaubensinhalte eins zu eins den christlichen Glaubensgrundsätzen entsprechen, ist hier zweitrangig.[73] Das Christentum als eine Religion der Barmherzigkeit scheint ihm unattraktiv, da er diese Barmherzigkeit nicht erlebt hat. Eine Religion, die auch

---

72 „Slim“ in David Lynch, 2011, Interview 11, Min. 3,29-
   3,59
73 bes. die in Mt5,45ff geforderte Feindesliebe

in ihren Attributen für Härte steht und trotzdem den Respekt einfordert, den er nicht immer genoss, wirkt auf ihn hier „ehrlicher" und damit befriedigender. Laut Friedrich Wilhelm Graf war und ist das Heidentum gerade im Zusammenhang mit einer „Entfremdungserfahrung"[74] verbunden, die durch die Bezüge zu Begriffen aus Volkstum und Biologie „bergende Seinszusammenhänge"[75] herstellt und entgegengestellt, die beim Sinnsuchenden zu „neuen tragenden Fundamenten und festen Halt"[76] werden konnten.

Damit hätten wir eine Erklärung, warum das (Neu-)Heidentum eine derart dominante Rolle in der Metalwelt eingenommen hat, jedoch ohne auf eine klare Schilderung dessen zurückgreifen zu können, was den (Neo-)Paganismus heute eigentlich ausmacht. Dies lässt sich auf die unsichere Quellenlage zurückführen.

Die Edda, die als Quelle für heidnisches Gedankengut gern herhalten muss, ist kein in sich geschlossenes Werk. Streng genommen wird zwischen der „Prosa-Edda" (von Snorri Sturluson) und der „Lieder-Edda" unterschieden. Rudolf Simek betont, dass beide Sammlungen (keins der Werke bildet einen einheitlichen Rahmen, wobei dies sowohl für das christliche Neue Testament als auch auf die jüdische Thora zutrifft und dies so keine unterscheidende Wertung zulässt) aus der Zeit stammen, in der

---

74 Graf, 2004, S.175
75 ebd.
76 ebd., S.176

Skandinavien bereits mehrere Jahrhunderte christianisiert war. Nur ein kleiner Teil der gesammelten volkstümlichen Inhalte stamme aus der Phase vor der Christianisierung. Aus diesem Grund schließt er eine mögliche oder beabsichtigte Nutzung einer der als „Edda" bezeichneten Werke zu heidnisch-religiösen Zwecken oder gar als Offenbarungsquelle explizit aus.[77] Da das Heidentum keine „Buchreligion" mit „fixiertem Kanon" gewesen sei, sondern aus „vielfältigen Realisationen einer polytheistischen Religion, die vielleicht nur wenig Gemeinsamkeiten hatten",[78] bestand, ist es unmöglich einen einheitlichen Sinnstrang zu rekonstruieren[79], dies umso mehr, da diese Aufzeichnungen (hier: die Prosa-Edda) wohl weniger der Konservierung der alten Mystik als viel „mehr der Rückschau und Vergangenheitsbewältigung"[80] dienten, wobei der Inhalt nebensächlich neben dem eigentlichen Zweck, der Lehre der Skaldendichtkunst verschwand.[81]

---

77 Simek, 2007, S.7

78 Simek, 2007, S.15 Trotzdem hält Simek fest, dass Snorri durch deren Niederschrift einige dieser alten Geschichten zumindest in Ansätzen erhalten habe, ohne dass dies ein klares Bild auf die vorchristliche Mythologie ermögliche.

79 Friedrich Wilhelm Graf benutzt zur Beschreibung dieses Phänomens die Formulierung der „historischen Neukonstruktion vorchristlich archaischer oder völkischer Religion." (Graf, 2004, S.175)

80 Simek, 2007, S.11: Simek betont jedoch, dass Snorri die heidnische Mythologie nicht als „Irrglauben" abtat, sondern im Rahmen verschiedener mittelalterlichen Lehren betrachtet sehen wollte. (ebd, S.28)

81 ebd., S.20f. Simek schreibt wörtlich „Snorri verfolgte poetologische Zwecke."

Die Lieder-Edda soll ihren Ursprung beim isländischen Gelehrten Sæmundr Sigfusson haben, ein Gros der Dichtung stamme aber wohl aus der Phase nach dessen Tod und die älteste erhaltene Handschrift aus der Zeit rund um 1643.[82] Die Deutung der Schrift als das ursprünglichere Buch der beiden Eddas kann demnach nicht ohne eine Intention erfolgen, ebenso die Nutzung des Titels „Sprüche der Wikinger" für das im Anfang stehende Lehrgedicht, welches sich aus römischem Gedankengut nährt. Die meisten Texte der sog. Liederedda setzen sich so aus verschiedenen auch jüdischen und heidnisch-christlichen Quellen zusammen.[83] Geza von Nemenyi als Gründer einer der ältesten heidnischen Gemeinschaften neuerer Art in Deutschland sieht entgegen der genannten Kritik und Zweifel die Quellenlage aus der Edda, Sagen, Märchen und aus „Reiseberichten des Tacitus" ausreichend, um den althergebrachten Glauben ausreichend zu rekonstruieren.[84]

---

82 Vergleiche: Simek, 2007, S.43

83 Vergleiche: Simek, 2007, S.48, 51-53

84 Papirowski, 1990, Min.: 17,02 – Die gesamte Quelle lässt auf Grundlage der Aussagen der interviewten heidnischen Autoritäten nirgends den Schluss zu, dass es eine gemeinsame Grundlage und einheitliche Praxis dessen, was sich heute als Neuheidentum nennt, gibt. Prof. Dr. Ferdinand Mayer vom Deutschen Archäologischen Institut vergleicht die Bemühungen der verschiedenen heidnischen Gemeinschaften, den Glauben authentisch wiederzuerwecken, mit dem Versuch, in 2000 Jahren allein aus dem Fund eines Kelches und einer Kirchenruine das Christentum und den Ablauf der Messe rekonstruieren zu wollen.

Auch im Christentum, Judentum und im Islam gibt es unterschiedliche Auslegungs- und Lesarten der jeweiligen Offenbarungsquelle, die als heilige Schrift angesehen wird. Diese unterschiedlichen Lesarten können durchaus zu extremen Meinungsverschiedenheiten innerhalb einer Religion, selbst zu gegenteiligen Standpunkten auf Grundlage von ein und demselben Zitat führen. Nichtsdestotrotz sind diese Grundlagen vorhanden, die es beispielsweise (das ist jetzt ein gewagtes – und ich möchte betonen FIKTIVES Beispiel) dem Judentum theoretisch ermöglichen würde, den Jerusalemer Tempel, wenn er denn irgendwann wieder aufgebaut werden sollte, trotz 2000jähriger Pause recht schnell wieder mit gleichen oder zumindest ähnlichen Ritualen zu betreiben, wie es bis zu seiner Zerstörung etwa im Jahr 70 n.Chr. jahrhundertelang praktiziert wurde, da diese Rituale in der Zeit des babylonischen Exils relativ exakt niedergeschrieben wurden.[85] Eine vergleichbare Quelle findet sich für das Heidentum nicht. Stattdessen muss aus der oben geschilderten und der christlich geprägten Sekundärliteratur zuzuordnenden „Edda" und ähnlichen Quellen der Versuch unternommen werden, Rituale und Bräuche aus eingefärbten Erzählungen herauszufiltern. Gesa Gottschalk betont ebenfalls die Absenz originaler Quellen, verweist aber auf die archäologischen Funde als Rekonstruktionsquelle und die „[Reiseberichte] und

---

85 Dies ist besonders in den zur Zeit des babylonischen Exils (ca. 586-538 v.C.) entstandenen Priesterschrift zuzuordnenden Teilen des Buches Levitikus nachweisbar.

Sagas", aus denen Riten abzuleiten wären.[86] Die daraus
resultierende Problematik der „Einfärbung des Berichtes
durch den Autoren wird jedoch nicht erwähnt. So bleibt
den verschiedenen Gruppen oft nur die Möglichkeit in
Kleidung, die ihnen irgendwie keltenhaft, nordisch oder
zumindest historisch scheinen, im Wald zu stehen und
zu improvisieren.[87] Im „asatru-forum" fand ich die
flehende Frage einer Heidin nach möglichen Ritualen.
Die Antworten spiegelten die Unsicherheit der
„Gemeinde" wider, zwischen „*ins christliche Schema*"
zurückfallen, „*[singen], Halt, das die Götter wissen,
das ich jeden Tag an sie denke...*" und „*ich habs so gar
nicht mit Ritualen [...und]freue mich über die Sonne
[...] wenn ich das Haus verlasse*"[88]
Jörg Eggeling unterstreicht (zurückgreifend auf Hans-
Peter Hasenfratz) ebenfalls das Fehlen jeglicher
Beschreibung von heidnischen Kulten und Kultstätten
und stimmt der Darstellung der Quellenlage und der
fehlenden kontinuierlichen heidnischen Tradition zu,
betont jedoch deren ökologische Auslegung als
Reaktion auf die Eingriffe des Menschen in die Natur.[89]
Bezüglich dieser lässt sich die im Kapitel „Zwischen
volkstümlich und völkisch" beschriebene Grau- bzw.
Beige-Braunzone erklären, die sich aus der

---

86 Gottschalk, 2012, S.53
87 Papirowski, 1990 Min.: 0.30ff.
88 Asatru-forum.de, [Zugriff:01.11.2011 – inzwischen für
   mich nicht mehr einsehbar! Die Rechtschreibung wurde
   im Original belassen.]
89 Eggeling, 2003, S.251

Vermischung grüner und brauner Tendenzen oft unter
dem Mäntelchen des Heidentums ergeben.

53

2.3 Metal ist Atheismus

Den durch dieses Buch laufenden roten Faden förmlich
aufgreifend, dass (vor allem die vorherrschende)
Religion sich als Negationsmöglichkeit einer sich
abgrenzenden Generation eignet, beschreibt Matthias
Herr das Böhse Onkelz-Werk *Religion*, in dem schon
fast eine Brücke zum Generationenkonflikt suchend die
Sohnschaft zu jeglicher Religion aufgekündigt wird.
Seiner Auffassung nach, wird im genannten Text
bewusst „Wie immer bei ähnlichen Anlässen"
verallgemeinert, um die Religion im Allgemeinen dem
Handeln diverser „[geistlicher] Würdenträger"
gleichzusetzen.[90] Lee Dorian (u.a. Napalm Death) wird
mit den Worten zitiert: „Ich glaube an die Gleichheit
und den Frieden und nicht an die Unterdrückung, die die
Religion darstellt", Vanargandr (Helheim) gar mit der
Aufforderung „sei dein eigener Gott".[91]
Beide Zitate rufen den Anschein hervor, ausnahmslos
der Negation jeglichen Gottesglaubens Vorschub leisten
zu wollen. In Hinblick auf meine Thesen des ersten
Kapitels „Von der Notwendigkeit..." scheinen
Atheismus und Metal wie füreinander geschaffen zu
sein: In einer Gesellschaft, deren Werte und Normen in

---

90 Herr, 1994, S.35 – Er führt weiterhin an (und dieses
   lustige Zitat möchte ich hier nicht unterschlagen!): „auch
   'Kneipenterroristen', die sich vorgeblich an der Theke
   wohlfühlen […], müßten diesen gravierenden Unterschied
   kennen, sie wollen ihn aber scheinbar absichtlich
   verleugnen."
91 Zitiert nach Eggeling, 2003, S.253

großen Teilen auf christlichen Fundamenten beruhen und einer weiteren parallelen Kultur, die sich in ihren Werten auf den Islam beruft, scheint es nur logisch, dass Teile aufbegehrender Jugend jegliche Regelwerke ablehnen, um in ihrer Selbstfindungsphase eigene Grenzen erfahrbar zu machen. Fast zwangsläufig muss uns hier das Crowley´sche Zitat „Tue, was Du willst"[92] in den Sinn kommen, womit wir wiederum nicht mehr beim Atheismus, sondern bei Satan persönlich herumscharwenzeln würden. Laut M.J. Green, würden wir uns allerdings mit diesen Worten eher dem Paganismus annähern, dem er die Weisheit „Tu´was du willst, aber schade niemanden" nachsagt.[93] Wer glaubt, der Urheberrechtsstreit um die Wahrheit des freien Willens eines Individuums sei damit klar entschieden, hat die Rechnung allerdings ohne den christlichen Kirchenvater Augustinus gemacht, der – ähnlich wie der Paganismus – der einfachen Aufforderung Crowleys einen kleinen, aber entscheidenden Zusatz hinzufügte, als er sagte: „Liebe, und dann tue, was du willst".[94]

---

92 www.live-net.ch
93 Zitiert nach Eggeling, 2003, S.252
94 Deneken, unter www.kath-info.de:
    Aufgrund der chronologischen Anordnung der Zitate hat
    Augustinus natürlich nichts Crowley hinzugefügt/
    hinzufügen können. Interessanterweise kann man ein
    weiteres Augustinuszitat „Gib, was du forderst, dann
    fordere, was du willst" (Feldmann, 1994, S.116) ähnlich
    deuten, aber auch ähnlich benutzen, um anscheinend
    gegenteilige Werte zu propagieren, wobei beide Zitate
    (vollständig betrachtet) Ähnlichkeiten zur „Goldenen
    Regel" aus Mt7,12 aufweisen. Ein weiteres Zitat, das
    Augustinus zugeschrieben wird und über das ich bei

Zwischenfazit: Selbst das atheistischste Zitat kann nicht eindeutig als solches benutzt werden, da einigen anscheinend noch nicht einmal mehr der Atheismus heilig ist! Ziehen wir jetzt die Aufklärung heran, die den Menschen ja aus seiner „selbstverschuldeten Unmündigkeit"[95] befreien möchte und als Handlungsmaxime fordert, dass jeder so handeln möge, „dass der freie Gebrauch deiner Willkür mit der Freiheit von Jedermann [...] bestehen"[96] könne, haben wir das Gleiche noch einmal auf atheistisch. Da ich nun verwirrt bin, stelle ich eine komplett neue These auf:

---

diesem Kapitel gestolpert bin, hat zwar nichts mit der Thematik zu tun, ich möchte es aber trotzdem – weil es mir so gut gefällt – hier kurz nennen: „Gib mir Keuschheit und Enthaltsamkeit, [...] aber nicht gleich" (Feldmann, 1994, S.94)
95 Immanuel Kant, zitiert in Trutwin, 2002, S.143
96 Hörster, 1976, S.241

2.4 Metal ist eine eigene Religion

Nein, „Metal" wird auf der nächsten Lohnsteuerkarte in der entsprechenden Spalte als eigenständige Religion nicht auftauchen, genauso wenig wie „Jedi" oder FSM[97]. Um die oben angeführte Aussage nachvollziehbar anzugehen, möchte ich eine These als Grundannahme in den Raum stellen, die nicht belegbar ist, ohne große Mühe abgelehnt werden kann, aber dennoch als Grundlage für die folgenden Ausführungen dienen soll. Ich gehe an dieser Stelle davon aus, dass fast jedes menschliches Wesen ein Grundbedürfnis nach „Religiösem" oder „Spirituellem" hat. Religion und Spiritualität sind hier nicht auf die klassische kirchliche Wahrnehmung beschränkt, sondern sollen hier als das Bedürfnis vorausgesetzt werden, aufgrund (augenscheinlich) nicht immer logisch nachvollziehbarer Gründe Handlungen zu vollziehen, die den Menschen an dem, was er seine Seele nennt, berühren, um einen (wie auch immer gearteten) Sinn zu stiften. In evangelikalen Kreisen wird diese Art von Erbauung im ritualisierten sog. „Lobpreis" erfahrbar gemacht. Die katholische Kirche weiß durch eine (teilweise durch die lateinische Sprache verstärkte) Mystik und bildgewaltige Symbolik zu „begeistern", jenseits der ursprünglichen kirchlich/religiösen Bedeutung konkurrieren inzwischen weitere Lebensbereiche um diese Form der Sinngebung. Ein

---

97 Atheistische Spaßreligion „Fliegendes Spaghettimonster"

Beispiel, um meine These nachvollziehbar zu untermauern, bietet der Fußball. Das treue Fan-Sein ist nicht nachvollziehbar und steht oft im Gegensatz zu jeglicher Vernunft. Jeder, der behauptet, ins Stadion zu gehen, um guten Fußball zu sehen, dürfte (zumindest mittelfristig auf Deutschland beschränkt betrachtet) ausschließlich Bayern München-Fan sein. Warum bin ich aber Eintracht Frankfurt-Anhänger? Wieso gibt es Menschen, die Preußen Münster in ihr Herz geschlossen haben? Es liegt in den beiden letztgenannten Fällen sicher nicht an den sportlichen Leckerbissen, die man allwöchentlich geliefert bekommt. Vielmehr sind diese eine gerngesehene Ausnahme. Hier geht es – wie auch für den Metal geschildert – um Abgrenzung, Identifikation und nicht selten um Trotz. Aber hier kommen – durch Rituale und Symbole – religiöse Gefühle auf, die das Erlebnis auch bei sportlicher Zumutung erstrebenswert machen. Dass das Erleben der Inszenierung mindestens so wichtig ist, wie das diesem zugrundeliegende Sportereignis, wird spätestens dann deutlich, wenn man die Übertragung eines „Geisterspiels" sieht oder bei einem Länderspiel der Ton ausfällt. Fahnenrituale, Choreographien im Fanblock und in voller Ernsthaftigkeit geschmetterte Vereinshymnen unterstreichen den religiösen Charakter solcher Veranstaltungen vielleicht noch mehr als die inflationär gebrauchte Bezeichnung „Fußballgott". Ähnliche religiös anmutende Begeisterung kann auch im politischen Bereich erfahrbar gemacht werden. Heutzutage bleibt als bestes Beispiel das Absingen der

SPD-Hymne „Wann wir schreiten Seit' an Seit'", bei der
in politischer Gebetshaltung mit erhobener Faust (oder
zumindest in strammer Körperhaltung) Zusammenhalt
geschaffen wird, den kein Redner mit dem
gesprochenen Wort erzeugen könnte. Bessere Beispiele
für die religiöse Inszenierung politischer Inhalte bieten
noch die Aufmärsche der Nationalsozialisten, bei denen
Fahnen wie „Reliquien" und „Kämpfer als Blutzeugen
der Bewegung wie Apostel" behandelt wurden, um den
„Weihecharakter solcher Veranstaltungen" zu
unterstreichen.[98]

Niemand, der eine live-Version von *Fear of the dark*[99]
oder vom *Bard's Song*[100] kennt oder miterlebte, wird
den sakralen Charakter des Erlebten auch im Bereich
der Metalkultur abstreiten können. Ein weiteres
offensichtlich religiöses Element auf Maidenkonzerten
findet sich im meist dreifach wiederholten „Scream for
me" - Schrei von Bruce Dickinson, der wie bei einem
Wechselgebet (beispielsweise im ebenfalls dreifach
wiederholten „Kyrie eleison") von der „Gemeinde"
beantwortet wird. EMI-Marketing-Manager Charles

---

98 Hug, 1987, S.216f.

99 Lied Nr.12 des gleichnamigen Iron Maiden-Albums von
1992. Live wird das Gitarrenintro und dessen Reprise
sowie die Refrains von Publikum mitgesungen. Dadurch
entwickelte sich das Lied zum festen Höhepunkt der Live-
Auftritte der Band.

100 Lied Nr. 7 des Albums *Somewhere far beyond* aus dem
Jahr 1992. Die Live-Versionen des allein durch seine
Melodie und getragene Weise religiös anmutenden Liedes
erinnern ebenfalls teilweise an einen liturgischen
Wechselgesang von Vorbeter/Priester und Gemeinde.

Webster, der in deren Anfangstagen Iron Maiden betreute, stellte fest, dass diese Gefühlswelt, die diese damals neue Musik erzeugt, Parallelen vor allem zum Fußball-Fantum aufweist, wobei man sich zusätzlich ins Gedächtnis rufen muss, dass er dabei britische Fußballfans vor Augen hatte. Einzig die fehlende Rivalität bei gleichzeitig ähnlich aggressiv anmutendem Verhalten sei abweichend von der Fußballszene gewesen.[101] Diese einheitliche Ausrichtung auf ein einziges Ziel, nämlich eine Band auf der Bühne anstelle zweier opponierender Mannschaften, bringt er auch sogleich mit der Anbetung von (Metal-)Göttern in Verbindung.[102] Birgit Richard und Jan Grünwald stellen fest, dass auch die im Vorfeld geschilderten Inszenierungen des Metals durchaus einen ernsten („truen") „nicht karnevalesken" Hintergrund haben, der sowohl Männlichkeit darstelle, als auch

---

101 Iron Maiden, 1987/2013, Min. 16,47ff.: „It was really like beeing a football match, not beeing a rock-concert. There were these people gathered together with immens energy all directed to one focal point which was the band on the stage. And it was a mixture of aggression and power and passion. But unlike a footballmatch it was directed in supporting the same team." (deutscher Untertitel: „Es war eher wie bei einem Fußballspiel als bei einem Rockkonzert. Da waren all diese Leute versammelt und eine enorme Energie war auf einen einzigen Punkt gerichtet, nämlich die Band auf der Bühne. Es war eine Mischung aus Aggression, Power und Leidenschaft. Aber anders als beim Fußball waren hier alle Fans desselben Teams.")
102 ebd., Min. 17,14f. „[Iron Maiden] were treated like Gods" (deutscher Untertitel: „...wie Götter behandelt wurden...")

ernstzunehmender Lebensentwurf sei.[103] Christian
Heinisch beschreibt das Metalkonzert sogar als eine Art
„religiöses 'Opfer'-Ritual", dessen ursprüngliche
Gewalt durch die „enorme Lautstärke" ersetzt werde.[104]
Tomislav Kosic stellt fest, dass selbst der Hörner-Geste
der Metaller (unabhängig von ihrem Ursprung) bereits
ein religiöser Nimbus innewohne.[105] Basierend auf
Clifford Geertz lässt er zumindest den Gedanken zu,
dass die Metalkultur nicht (nur) Träger religiöser Inhalte
sein könnte, sondern eben dieser religiöse Inhalt selbst
sein kann.[106] Jörg Eggeling bestätigt diese Sichtweise
indirekt, indem er bezüglich „Okkult-Metal"-
Peergroups unterstellt, selbst „unbewusst heidnische
Sozialformen [zu entwickeln], um für sich eine heile,

---

103 Richard/Grünwald in Nohr/Schwaab, 2010, S.46
104 Heinisch in Nohr/Schwaab, 2010, S.419
105 Tomislav Kosic in Nohr/Schwaab, 2010, S.113
106 ebd., S.110: Dort wird die Religion als ein
   „Symbolsystem" definiert wird, welches u.a. „eine
   allgemeine Seinsordnung [formuliere] und […] diese
   Vorstellung mit einer solchen Aura von Faktizität
   [umgebe], dass[...] die Stimmungen und Motivationen
   völlig der Wirklichkeit zu entsprechen scheinen" würde.
   Vergleichbar ist dieses Phänomen mit der Ultras-Kultur
   im Fußball. Der in den Quellen angeführte Artikel des
   Bayrischen Rundfunks mit dem Titel „Fußball und
   Gewalt" beschreibt die dünne Linie zwischen
   „erlebnisorientierten" „Event-Fans" einerseits und
   „Power-Fans", die in erster Linie sich selbst feiern
   würden, andererseits. Obwohl beide Subkulturen
   erhebliche Parallelen bezüglich des eigenen
   Selbstverständnisses aufweisen, würde die weitere
   Verfolgung dieses Gedankens an dieser Stelle zu weit
   gehen.

wenn auch irreale, zweite Welt zu formen".[107] Dabei
fungiert der Metal neben der Identitätsbildung einerseits
als „Schale" um jegliche (störende) Kommunikation zu
unterdrücken, andererseits bilde sie eine „akustische
und soziale Hülle", die „Andersartigkeit und
Abgrenzung" ermögliche.[108]

Diese „zweite Welt" beinhaltet nach Eggeling – analog
zu religiösen Mythen – „Erklärungsansätze" für
vorgefundene (auch familiäre und häusliche) Probleme.
Darüber hinaus bietet die musikalische Fiktion
(zumindest für den sich nach Bestätigung und Achtung
sehnenden Klischee-Metalfan) auch einen gewissen
Schutz, indem musikalisch durch den Triumph des von
Gesellschaft und Familie unterdrückten Wesens ein
quasi jenseitiger Trost gespendet wird.[109] Diese
Schutzfunktion wurde in den Frühzeiten des Metals
soweit ins Metaphysische erhoben, dass diese
Abgrenzung einschließlich der Negation der
gesellschaftlichen Werte einer christlich geprägten
Gesellschaft zu einer Negativreligion zum Bestehenden
entgegengestellt wird. Fast zwangsläufig musste in den
frühen Tagen deshalb Satan in dieser Situation

---

107 Eggeling, 2003, S.208
108 ebd., S.220ff.
109 „Nicht lösbare Problemstellungen werden mittels irrealer
    Auseinandersetzungen durch das real eigentlich
    unterlegene Individuum gewonnen." (Eggeling, 2003,
    S.232) – Hier wird eine mögliche Verknüpfung zu
    Feuerbachs Projektionstheorie deutlich, die im folgenden
    Kapitel noch einmal mit dem Verweis auf das Wesen der
    Religion nach marxistischer Sicht, die dabei auf die
    Metalkultur angewendet wird, aufgegriffen.

herhalten, um die Oppositionshaltung in all seinen
Facetten ausdrücken zu können. Eigene Werte, die sich
weitestmöglich von denen der unterdrückenden
Gesellschaft unterscheiden, schweißen die Gemeinde
der Unterdrückten inzwischen eigenständig zusammen,
geben Halt und und Kraft, um diese Situation der
empfundenen Unterdrückung glorreich zu überwinden.
Beispiele finden sich dafür bereits in Musikvideos
dieser frühen Tage, in denen einzelne Aspekte dieses
Zusammenhangs deutlich werden.

■Twisted Sister: *We're not gonna take it* (1984)[110]
Es beginnt mit einem Vater, der seinen Sohn bezüglich
üblicher Eltern/Kind-Probleme (Lärm, Ordnung) harsch
angreift und mit Verweis auf ein TS-Poster die seinem
Sohn eigene Ästhetik gänzlich verurteilt (und damit den
Heranwachsenden jenseits der oberflächlichen Probleme
gänzlich als Person in Frage stellt). Die empfundene
Missachtung durch die Elterngeneration wird durch die
Attribute „worthless“ und „weak“ ausgedrückt.
Anschließend wird die Verunglimpfung des Jungen auf
dessen Musik ausgedehnt, um mit der (in diesen
Situationen anscheinend oft verbundenen) Frage nach
den Zukunftsplänen den argumentativen Garaus zu
besorgen. Dann wendet sich das Blatt und der
Heranwachsende macht aus dem Vorwurf des Vaters –
indem er ihm trotzig darauf „I wanna rock“ antwortet –
eine (vorerst) verbale Waffe. Im Verlauf des Videos
wird der Junge zum erwachsenen Sänger der Band

---

110 http://www.youtube.com/watch?
    v=bkZD7Hgf9hg&feature=related, Zugriff: 08.11.2011

Twisted Sister Dee Snider und gibt den wenig liebevollen Vater mit Hilfe dessen, was dieser als Vorwurf hervorbrachte, nämlich Rockmusik, Saures. Die Musik, die ursprünglich als Symbol des Generationenkonfliktes und Motiv für familiäre Streitigkeiten fungiert, mutiert in der Machtphantasie des pubertierenden Metallers vom zu verteidigenden Alleinstellungsmerkmal zum Instrument der mannigfachen Demütigung des strengen Vaters.

■Motörhead: *Killed by Death* (1984)[111]
Beginnend mit der Situation einer knapp bekleideten Tochter, die ihren Eltern verkündet ausgehen zu wollen, folgt hier die Darstellung eines weiteren klassischen Eltern-Kind(/Tochter)-Konflikts, der in Wutäußerungen besorgter (wenn auch etwas dümmlich dargestellter) Eltern mündet. Dieser wird abrupt durch Lemmy unterbrochen, der mit einem Chopper durch die Wohnzimmerwand gefahren kommt, um die Holde wie ein rettender Recke mit weißem Schimmel auf den Sozius zu laden, um sie aus den Fängen der missgünstigen Eltern zu befreien (natürlich nicht, ohne die Eltern und mit den Fernsehzuschauern auch alle Eltern der Erde mit dem ausgestreckten Mittelfinger um Ruhe zu bitten[112]). Im Verlauf der Motorradfahrt werden Zärtlichkeiten ausgetauscht, um zu unterstreichen, dass exakt das passiert, was Eltern stets befürchten. In Einblendungen sieht man schwer gepanzerte und

---

111 http://www.youtube.com/watch?v=1oMNV16Ecu8, Zugriff am 08.11.2011
112 ebd., Min. 0.33 : „shut up!"

behelmte (und dadurch unpersönlich und gesichtslos wirkende) Polizisten, die Berge von Schallplatten verbrennen. Hier wird der gesamtgesellschaftliche Konflikt deutlich, der in dieser kleinen Szene seinen Anfang nahm. Der Feind der Rockmusik und deren Anhänger (und dem mit ihnen verbundenen freien und schönen Lebensstil) ist die staatliche / gesellschaftliche Autorität. Diese verfolgt das Paar mit grenzenloser Brutalität, wodurch der wiederholte Refrain auf die Freiheit (Leichtigkeit) verweist, die sich ergibt, wenn man der drohenden Autorität gleichgültig gegenübersteht.[113] Im Folgenden wird Lemmy doppelt von der Staatsmacht getötet, zuerst durch Erschießung von zweireihig aufgestellten Schützen, kurz darauf wird er noch auf dem elektrischen Stuhl hingerichtet, um auf seiner eigenen Beerdigung samt Chopper aus dem Grabe zu erstehen und zusammen mit der Freundin die Grenzen der Autorität endgültig hinter sich zu lassen. Die Freiheit, die sich aus dem Widerstand gegen die Unterdrückung durch das Establishment ergibt, wird hier zu einer Macht über die Werte der Elterngeneration, die sogar den Tod zu überwinden scheint.

■Iron Maiden: *Can I Play with Madness* (1988)[114]

---

113 Das Bild der unmenschlich wirkenden Ordnungsmacht als Feind des Individuums wird später u.a. im Videoclip von *The Pretender* von den FooFighters aufgegriffen.

114 Das Lied erschien auf *Seventh Son of a Seventh Son*, 1988, Zugriff auf den Videoclip bei: Iron Maiden: Visions of the Beast, 2003, DVD1, Titel 11

Anstelle der verständnislosen Eltern rückt hier der altmodische Kunstlehrer, der Schüler nötigt eine Ruine zu zeichnen. Als ein Schüler auf dem Bild eine Wolkenformation zeichnet, die das Konterfei des Maiden-Maskottchens Eddie darstellt, vermutet er einen Zusammenhang mit dem Metal-Magazin, das der Schüler in der Tasche hat und welches er daraufhin verständnislos durchblättert. Das Bild des Schülers wirft er als Zeichen der Missachtung auf den Boden. Während des Durchblätterns der Zeitschrift wird die Eddie-Wolkenformation (von ihm unbemerkt) real und sorgt (quasi per Augenzwinkern) dafür, dass er eine Erdöffnung übersieht und in die Tiefe stürzt, in der er eine düstere Atmosphäre mit Fackelträgern im Nebel vorfindet. Das Objekt des Anstoßes, welches zur Demütigung des Schülers durch den altmodischen Lehrer in der per se ungerechten Institution Schule wurde, wird auch hier zur gewaltsamen Quelle der Gerechtigkeit. In der geheimnisvollen Grotte wird der Lehrer selber zum Spielball finsterer Mächte, denen er ausgeliefert scheint.

■Tenecious D: *Kick a Poo* (2006, von Jack Black, Meat Loaf und DIO gesungen)

Humorvoll greift Jack Black die Klischees in seinem Film „Pick of Destiny" auf, in dessen Anfangssequenz ein volles Lied mit ähnlicher Handlung und Optik wie die im Vorangegangenen geschilderten Videoclips gezeigt wird, wobei hier die Darstellung der stereotypen Protagonisten so weit überspitzt wird, dass er die lustigen Formulierungen des Textes wirkungsvoll

umschreibt. Der fromme und übermäßig strenge Vater
(gespielt von Meat Loaf, der in der *Rocky Horror
Picture Show* noch selbst den Leder-Rocker mimte)
knechtet den aufmüpfigen und auf Rock versessenen
Sohn (zu dessen Vergehen u.a. parallel zum zuvor
geschilderten Text von *Highway to Hell* auch der
Wunsch nach einer Party besteht) durch Prügel und das
Abreißen aller geliebter Poster im Kinderzimmer.
Einzig das durch die offen stehende Zimmertür
verborgene DIO-Poster bleibt verschont. Dieses wird
mit gefalteten Händen wie eine Ikone angebetet,[115] um
dem Jungen tatsächlich einen gesungenen Rat zu geben,
wie (und wo) er sein musikalisches Glück in Freiheit
finden könne. Das gewohnte Motiv: Der
missverstandene Jüngling findet im Stein (Rock) des
Anstoßes die „Rettung" und den sicheren Halt für seine
Zukunft. Die Musik übernimmt hier jedoch ganz
besonders offen die Rolle der Religion, die der
klassischen christlichen Religion des übermäßig
strengen religiösen Elternhauses direkt gegenübersteht.
DIO antwortet hier als anbetungswürdiger Heiland dem
Jünger, während das Tischgebet des Vaters in der
Anfangsszene keinerlei sichtbare Wirkung nach sich
zieht.

Die dargestellten Beispiele haben gemein, dass die
(geliebte) Musik und die ihr anheftenden Symbole einen
sinnstiftenden Charakter für die stets unterdrückten

---

115 Min. 1.50: „DIO, can you hear me"

Hauptprotagonisten bilden. Fast automatisch erschließt sich die lutherische Gottesdefinition aus seinem „Großen Katechismus", in der er (Luther) Gott (als auch dem Abgott!) die Möglichkeit zuspricht „Zuflucht...in allen Nöten" zu geben.[116] Jörg Eggeling sieht diese Funktion des Metals durch eine „gemeinsame, tribale Fetischisierung härterer Musik"[117] erreicht, die das Selbstbewusstsein stärke.[118]

So ist gemäß der Definition von Anja Mankel auch der Schlüssel für die Bedeutung von Jugendkulturen zu finden – das durch die Ablehnung der vorgegebenen Orientierungsmöglichkeiten entstandene Vakuum zu füllen. Jugendkultur setzt Mankel bezüglich des Metals jedoch mit jeglicher Subkultur gleich, da dieser ihrer Meinung nach auch über die Jugend hinaus Identifikationsangebote liefere[119], die Bezeichnung „Gegenkultur" jedoch meist aufgrund mangelnden Willens zu gesellschaftlicher Veränderung nicht mehr angemessen sei.[120]

---

116 „Worauf du nun (sage ich) dein Herz hängst und
  verlässest, das ist eigentlich dein Gott.", Wortlaut aus
  Luthers „Großer Katechismus" , dieser ist unter
  http://www.ekd.de/glauben/bekenntnisse/luthers_grosser_
  katechismus.html zu finden.
117 Eggeling, 2002, S.217
118 ebd.
119 Mankel, 2009, S.4
120 ebd. S.5

3. Wo Subkultur auf Politik trifft: Die inhaltliche Auseinandersetzung mit politischen Inhalten des Metals

Bezeichnet der Journalist Robert Duncan den durchschnittlichen Metalhead noch als „ungehobelt" und „antiintellektuell"[121] und erwartete Joe Berlinger bei seinem ersten Metallica-Konzert noch „[dumpfe] Metalheads"[122], so will Frank Schäfer zwei Jahrzehnte später wissen, dass der Metal „keineswegs unpolitisch"[123] sei, um diese Feststellung mit diversen Beispielen aus der weiten Welt der Metaltexte zu belegen. Die bei ihm genannten Beispiele haben sicherlich ihre politische Aussagekraft, die als solche auch von den Hörern meist verstanden wurde. Dennoch möchte ich an dieser Stelle insofern systematischer vorgehen, als dass ich versuchen möchte, die politische Aussagekraft des Metals als ein Zwischenglied zwischen provokativem Aufschrei einerseits und

---

121 u.a. zitiert bei Friedel, S.37
122 Berlinger, Milner, 2006, S.62. Auf Seite 59 bemerkt Berlinger allerdings, dass er auf Metallica als potentiellen Soundtrack einer Dokumentation über straffällige Teenager stieß, da ihn diverse Lieder des Puppet-Albums durch ihre „melancholischen" Stimmungen passend erschienen.
123 Schäfer, 2010, S.189f.

politischer Willensbildung im Sinne der Dimensionen *policy* und *politics* andererseits darzustellen.

Oliver Rohlf sieht allein im Männlichkeitskult des Metals sogar einem Art Placebo, das politisches Engagement zur realen Veränderung der Verhältnisse ersetzt. Dabei bezieht er sich besonders auf Bezüge zu Heldensagen und die Vergangenheit betreffende Texte, die durch die geschilderte „Weisheit" als „das systemstabilisierende Ventil einer von Arbeitslosigkeit und entfremdeter Arbeit gefrusteter Jugend, das nötig war, um den endgültigen (System-)Sturz zu verhindern"[124] fungierte, was nur bedeuten kann, dass der Metal nach marxistischem Verständnis das neue Opium der Arbeiterklasse sein soll. Auch wenn in diesem Punkt sicherlich Kritik möglich ist,[125] so wird doch klar, dass wir akzeptieren müssen, dass wir uns einerseits nicht mehr sicher sein können, ob der Metal lediglich Medium einer zu untersuchenden Botschaft ist, oder sich bereits als eigenständiges Phänomen verselbstständigt hat, und dass die klare Linie zwischen Politik und Religion verschwindet, wenn wir von der Metalkultur sprechen.

Ein kurzer (lediglich angedeuteter) historischer Überblick über die politischen Inhalte innerhalb des Metals lässt zumindest eine grobe Linie erkennen, die

---

124 Oliver Rohlf, zitiert in Eggeling, 2003, S.203

125 Gegen die klassenkämpferische Deutung des Metals spricht die von Eggeling selbst angeführte Feststellung, dass seit „Ende der 70er [...] Rockmusik schichtneutral" sei. (ebd. S.204)

auf eine stärkere Politisierung der Texte und der darüber hinaus gehenden politischen Aussagen durch die Metalszene (aber auch der Rock/Punk-Szene überhaupt) hindeutet. Die chronologische Darstellung muss jedoch gleich mit einer Ausnahme begonnen werden. Wenn wir Black Sabbath als die Urväter des modernen Metals bezeichnen, haben wir mit *War-Pigs* direkt auf deren zweitem Album *Paranoid* ein Lied, das in seinen eindeutigen Aussagen politischer nicht sein könnte. Ich schreibe diese „Ausnahme" in einer anfangs unpolitischen Szene der Tatsache zu, dass besonders die ersten beiden Sabbath-Alben noch unter dem Einfluss der Anti-Vietnam-Kriegs-Proteste und der Hippie-Kultur entstanden sind.[126] Im Verlauf der Weiterentwicklung der Band und des Genres insgesamt wurden die politischen Einflüsse jedoch zurückgeschraubt, um eine klare Trennlinie zur Hippiekultur zu ziehen. Kritische Töne hörte man von da an vorerst nur aus dem Punk-Lager.[127] Wird das Iron-Maiden-Frühwerk *Running Free* unter Band-freundlichen Kritikern noch als kritische Stellungnahme zur Jugendarbeitslosigkeit gefeiert, könnte man den Text genauso gut als eine pubertären Phantasien

---

126 Im gleichen Umfeld entstand beispielsweise auch Jimmy Hendrix´ Version von *Star sprangled Banner*, die u.a. durch ihre Darbietung beim Woodstock Open-Air bekannt wurde.

127 ...wenn man vom bei Frank Schäfer köstlich beschriebenen Scorpions/Hunters Tierschutz-Epos *Fuchs, geh voran* von 1975 absieht, welches man bei http://www.youtube.com/watch?v=3nRL3gi2hXg hören und genießen kann.

entsprungene (und dabei überaus gelungene) Hymne an die Freiheit deuten. Maiden erzählten im Folgenden öfter Geschichten über Krieg und Gewalt, jedoch ohne immer klar Stellung zu beziehen, wie Sabbath in *War Pigs*. Neben durchaus als kritisch zu verstehenden Werken wie *Flash Of The Blade* und *Trooper* vom *Piece of Mind*-Album (1983) oder *2 Minutes to Midnight* vom *Powerslave*-Album (1984) mischen sich immer wieder das heimische Militär glorifizierende Texte wie *Aces High* (das 6 Jahre später auf *No Prayer For The Dying* mit dem Stück *Tailgunner* durchaus kritischer beantwortet wurde) und Videoclip-Umsetzungen von *Trooper* und dem sehr kritisch die Geschichte der USA betrachtenden *Run To The Hills* der *The Number of the Beast*-Scheibe (1982) dazwischen, welche durch ihre heroische (*Trooper*) oder slapstickhafte (*Run to the Hills*) Gestaltung, die sich jeweils aus Ausschnitten alter Schwarz-Weiß-Filme zusammensetzt, die mögliche Aussage verwischen. Darüber hinaus bleiben hier die Texte eher im Bereich des Historischen und des klassischen Geschichtenerzählens.[128] Einzig wirklich konsequent eine eindeutige Ausnahmen bilden das musikalisch nicht unumstrittene Werk *No Prayer for the Dying*(1990), das mit *Holy Smoke* (bei dem der

---

128 Hier soll jedoch auf keinen Fall *Hallowed Be Thy Name* von *Number Of The Beast* unerwähnt bleiben, bei dem trotz des Geschichtenerzähl-Charakters und einer fiktiven Handlung durch die Vielschichtigkeit der dargestellten Gedankengänge ein eindrucksvolles Statement zum Thema Todesstrafe gelungen ist.

politische Einfluss der evangelikalen Rechten in den USA kritisiert wird) und dem genannten *Tailgunner* immerhin zweimal die Erzählung mit politischen Aussagen füllt und dem (meiner Meinung nach zu unrecht in dem Maße) gefeierten Nachfolgealbum *Fear of the Dark* (1992), das auch gleich mehrere Lieder beinhaltet, die hier Beachtung finden sollten. Der Opener *Be Quick Or Be Dead*, der hinsichtlich der noch immer anhaltenden Finanzkrise fast prophetisch wirkt, erfuhr selbst im Deutschen Satire-Magazin „Titanic" Erwähnung.[129] Die Themen Aids (*Fear is the Key*) und Hooligan-Gewalt (*Weekend-Warrior*) werden genauso behandelt wie der Zweite Golfkrieg (*Afraid To Shoot Strangers*). Ähnlich kann die Entwicklung beim US-amerikanischen Metal-Flaggschiff Metallica beobachtet werden. In der Anfangs- und Etablierungszeit wechseln sich eindeutige Aussagen wie bei *Disposable Heroes* (von *Master Of Puppets*, (1986)), welches inhaltlich Parallelen zu *War Pigs* aufweist, oder *Master Of Puppets* selbst, das ebenfalls nach der Sinnhaftigkeit

---

129 Auch wenn es nicht wissenschaftlich ist, kann ich hier nur aus meiner Erinnerung zitieren, da die Zeitschrift „Titanic" selbst meine Anfrage bislang nicht beantwortet hat. In der Rubrik „Briefe an die Leser" wurde Bruce Dickinson ein Dankeschön ausgesprochen, dass er auf die Frage in einer Fernsehshow, ob *Be Quick Or Be Dead* nicht irgendwie politisch sei, sinngemäß mit der Gegenfrage geantwortet habe, was denn daran politisch sei, wenn man den [hier folgten irgendwelche negativen Adjektive] Kapitalisten [hier folgen irgendwelche Gewaltphantasien o.Ä.] wünschte. Wer die Ausgabe noch hat, möge mir bitte den genauen Wortlaut zuschicken.

kriegerischer Auseinandersetzungen fragt, mit auf den ersten Blick kritisch anmutenden Liedern wie *Ride the Lightning* (von *Ride the Lightning* (1984)) ab, bei dem zwar das Thema Todesstrafe aufgegriffen wird, die Szenerie aber lediglich als Metal-typisches Gewalt-Szenario benutzt wird. Eindeutig wird man auch hier erst am Ende der 80er Jahre, beginnend mit dem Album *And Justice for All*. Das Lied *One* erzählt die Dalton-Trumbo-Geschichte „Johnny Got His Gun" aus dem Jahr 1939.[130] Im Gegensatz zu frühen Maiden-Werken wird hier bei der filmischen Gestaltung des Video-Clips auf original Filmausschnitte aus Trumbos eigener Verfilmung aus dem Jahr 1971 zurückgegriffen, wodurch der ernste Hintergrund des Textes nicht verwässert sondern unterstrichen wird. Auf dem folgenden „Schwarzen" Album nimmt das Lied *Don´t Tread On Me* die Aufgabe wahr, die Politik der USA zu hinterfragen. Als witziges Gimmick wird ins Gitarren-Intro des Liedes das Hauptthema des Stücks *America* aus dem Ersten Akt von Leonard Bernsteins *West-Side-Story* eingebaut, um darauf hinzuweisen, wem die Aussagen des Liedes gelten, da die USA im Text nicht explizit genannt werden.

---

130 War das Buch bereits zu Anfang Auslöser für massenhafte Verweigerung des Kriegsdienstes (Ria Proske, 2008), so ist es trotz seines anstrengenden Erzählstils (außer man braucht ohnehin keine Satzzeichen, dann kommt das einem überhaupt nicht seltsam vor!) noch immer in Kriegs- und Spannungsfällen ein Dorn in den Augen der Militärs.

Zufälligerweise fallen die ersten Höhepunkte des „politischen Wirkens" der beiden wichtigsten Vertreter des Metal-Genres[131] zeitlich in den ersten Höhepunkt der Popularität des Metals, auf den mit der alles überrollenden Grunge-Welle einige Jahre der Nichtbeachtung folgten, wodurch eine kontinuierliche Beobachtung nicht mehr ohne Weiteres möglich wurde.[132]

Carlos Lopez von Dorsal Atlantica und Raffael Bittencourt von Angra betonen den Zusammenhang des erfolgreichen Aufkommens des Metals in Brasilien und der Demokratisierung des Landes nach den Repressalien der Diktatur im Lande, die 1985 endete. Claudia Azevedo von der Universität in Rio de Janeiro betont in diesem Zusammenhang die Tatsache, dass es sich bei der Metal-Kultur Brasiliens bereits zu diesem Zeitpunkt um eine Massenbewegung handelte, die bereits im Jahr der Demokratisierung des Landes mehr als eine Million Menschen zum „Rock in Rio"-Festival zusammenführte.[133] Wenn Bittencourt auch die Rolle des Metals bei dieser Entwicklung nicht

---

131 Die Einschätzung fälle ich ganz frech aus dem Bauch heraus, ohne wie Dietmar Elflein die Nennungen in der Fachliteratur auszuzählen.
132 Wobei diese Phase der geringeren öffentlichen Beachtung bei Maiden auch mit dem Besetzungswechsel Bruce Dickinson/Blaze Bayley einherging, die zwei m.E. völlig unterbewertete Alben hervorbrachte. Bei Metallica wurde auf den neuen Mainstream wenig ruhmvoll mit den *Load*-Alben der sog. „Rockallica-Phase" reagiert.
133 McFadyen/Dunn, 2008, 5,19-7.19

überstrapazieren möchte, (so wie die Scorpions
stellenweise in ihrem Wettstreit mit David Hasselhoff
um den Anteil am Niedergang des Kommunismus –
wenn deren *Wind of Change* schon zu spät kam, um den
Mauerfall selbst verursacht zu haben),[134] so betont er
doch die dem Metal innewohnende „Atmosphäre der
Redefreiheit".[135] Carlos Lopez geht sogar so weit, dieses
Massenerlebnis zu einem quasi religiösen Ereignis zu
stilisieren, welches den Moment kennzeichne, an dem
Brasilien „ein neues und freies Land geworden"sei.[136]
Wenn diese Feststellung eventuell doch etwas zu
pathetisch die Sicht des Fans widerspiegelt, so wird
durch sie doch der Zusammenhang des teils
pseudoreligiös empfundenen Massenereignisses und der
politischen Befindlichkeit als zugrundeliegender
Kontext deutlich. Ähnlich wird und wurde der Metal als
ein Instrument des Aufbegehrens in Jakarta jedoch auch
teilweise von den Mächtigen wahrgenommen, was zur
gewaltsamen Niederschlagung der Großkonzerte von

---

134 Laut epochtimes.de, 2008, ist Klaus Meine stolz darauf,
den Soundtrack zu „Glasnost und Perestroika" geschrieben
zu haben, zu denen untrennbar auch der Fall der Mauer
gehöre. David Hasselhof fordert diesbezüglich schon sehr
viel selbstbewusster die Anerkennung für seinen Beitrag
zur Deutschen Einheit, da er bereits 1989 in deren Vorfeld
mit *I've been looking for Freedom* den Beton der Mauer
zerschmettert habe, bevor Meines zartes Pfeiffen
bestenfalls deren Beseitigung begleiten konnte. Laut
shortnews.de,2004 sei er gar traurig, nicht als Protagonist
des weltweit beachteten Wandels in Europa im Museum
am ehem. Checkpoint Charlie mit Bild bedacht zu werden.
135 McFadyen/Dunn, 2008, Min.7.15
136 ebd., Min.8.10

Sepultura (1992) und Metallica (1993) durch Suhartos
Polizeiapparat und später zum Verbot jeglicher
Metalkonzerte im Land führte. Knapp 20 Jahre später
werden die westlichen Medien auf eine in Ansätzen
ähnliche Konstellation in Süd-Ost-Asien aufmerksam.
Alexander Dluzak beschreibt das Aufkommen einer
Punkszene in Burma, wobei er explizit darauf hinweist,
dass keine „oberflächliche Kopie einer westlichen
Jugendszene" vorliege, sondern dass die Tatsache, dass
die „rebellischste aller Subkulturen [auf] eines der
autoritärsten Regime" stoße, vielmehr ein Ausdruck
eines symbolischen Spuckens „ins Gesicht […] der
verhassten Regierung" sei.[137] Michael Boehlke von
„planlos" betont, dass der Punk nicht nur das Medium
des Protestes sein müsse, sondern dass die Existenz
einer rebellierenden Jugendkultur als solche ihren
Ursprung in den gesellschaftlichen Verhältnissen haben
könnte, als er sagt, dass für ihn der Grund ein Punk zu
sein mit der Mauer verschwunden sei.[138]

---

137 Alexander Dluzak, 2012
138 Michael Boehlke, in „Punks in der DDR...", Min. 4,14

3.1 Exkurs: Ein ganz normaler Blick in die unpolitische Musikpresse:

Schaut man heute in die Fachpresse, so ist die ursprüngliche Vermutung bezüglich der unpolitischen Metalkultur inzwischen fast ein rares Gut, welches man sich fast wieder zurückwünscht, um nicht von politischen, pseudopolitischen oder polemischen Äußerungen heimgesucht zu werden, wenn man sich doch eigentlich nur über die aktuellen Entwicklungen in der Musikbranche informieren möchte. Völlig zufällig hatte ich mir die z.Z. aktuelle RockHard (Ausgabe November 2011) vorgenommen, wo ich bereits in den Kurzmeldungen zu Anfang beim Bericht über die kanadische Kombo „The Tea Party“ einen Seitenhieb auf die politische Stimmung in den USA ertragen darf. Nachdem ein entspannend nichtssagendes Interview mit Sebastian Bach die Vorfreude wie einen Flitzebogen spannte, muss ich beim zweiten Lang-Artikel, einem Iced-Earth-Jon-Schaffer-Interview bereits die volle Breitseite über Bankenrettung, Atomkraft, Abwrackprämie und Körperscanner ertragen. Neu-Iced-Earth-Sänger Stuart Block ruft zwei Seiten später dazu auf, „gegen die heutigen Zustände [zu] Rebellieren“[139], bevor eine Seite später Jon Schaffer noch einmal seine Verschwörungstheorien bezüglich 9/11 und den USA

---

139 RockHard, 11/2011, S.23

als solches zum Besten gibt und diese gegen das
„ursprüngliche" und ruhige Honduras ohne „Ampeln,
Reklame und Autoritäten" abgrenzt, in dem es trotz
„bedrückender Armut"und dem „Riesenproblem[...]
im Kernland" wie „Straßengangs und die
Kriminalität" doch eigentlich ganz „nett" sei.[140] Zwei
Seiten später „[ätzt] Rotlocke Dave Mustaine [...]
gewohnt sarkastisch gegen das politische und
wirtschaftliche Establishment"[141], bevor wiederum drei
Seiten später Gitarrist Chris Broderick über
„aufgeblasene" Regierungen und Lobbyisten
sinniert.[142] Im direkt darauf folgenden Artikel über
„The Devil's Blood" dürfen wir über herrlich
belanglose esoterische Ausführungen noch erfahren,
dass „Politik und Verlogenheit" stets miteinander
einhergehen,[143] bevor uns „Subway to Sally" ihre
Einschätzung zur Eurokrise mitteilen.[144] Brainstorm
beziehen die „The Devil's Blood"sche Weisheit direkt
auf „Wirtschaft" und „Arbeitgeber"[145], nachdem uns
vorher Girlschool und Gotthard gnädigerweise
politisch verschont haben. Wenn uns „The Answer"
wirklich herzerfrischend einfach nur schlicht bezüglich
des Themas „Musik und Tour" auf den neuesten Stand
gebracht haben, muss Mark Reale, Gründer von
„Riot" die Frage nach den politischen Aussagen ihrer

---

140 ebd., S.24f.
141 ebd., S.27
142 ebd., S.30
143 ebd., S.34
144 ebd., S.36f.
145 ebd., S.45

Texte über sich ergehen lassen, welche er (mit Verweis auf die schlechte Telefonverbindung) auf ein späteres Interview mit Texter Tony (Moore) schiebt.[146] Nach zwei weiteren Seiten synkretistischer Ergüsse einer mir bislang unbekannten Band namens „Absu" und einem netten Einblick ins Privatleben von „Hypocrisy" haben wir den Block mit den langen Bandartikeln vorerst unbeschadet überstanden. In den einseitigen Artikeln lassen uns „Generation Kill" an ihrer Einsicht teilhaben, dass „Krieg [...] die Hölle [sei], Alter"[147], bevor sich „Betontod" zu Anschuldigungen der Rechtslastigkeit äußern.[148] „Arckanum" verwirren uns dann mit düsteren Praktiken, bevor uns „Insomnium" über die Ursachen xenophobischer Tendenzen in Finnland und dem Zusammenhang mit den finnischen Sozialsystemen erklären,[149] bevor wir endlich die Kurzmeldungen, die historischen Metal-Rückblicke und Konzertberichte und Plattentests erreicht haben, bei denen sich niemand mehr genötigt fühlt, seine Gesinnung nach außen tragen zu müssen!

Diese kurze Übersicht geht weit über gesellschaftliche Äußerungen aus dem „normalen" Umfeld der Musiker hinaus.[150] Hier hat man den Eindruck, dass sich die

---

146 ebd., S.49

147 ebd., S.57

148 ebd., S.63, diese Aussagen werden später noch einmal aufgegriffen.

149 ebd., S.65

150 Zu diesen zähle ich beispielsweise Thomas Schadts Film „Thrash Altenessen" von 1989, der rund um die Band

Tendenz seit den 80er Jahren des 20. Jahrhunderts, zu
allerlei gesellschaftlichen Anliegen auch noch einen
„Rocker" als Vertreter der jungen Generation zu
befragen, weiter verselbständigte. Dies hatte damals oft
zur Folge, dass entweder Klaus Lage oder Udo
Lindenberg im Studio oder auf der Couch saßen (wobei
Udo Lindenberg wohl bei den Programmchefs deshalb
beliebter war, weil der Begriff „Panikorchester" noch
gefährlicher und anarchistischer klang) und ging soweit,
dass nicht nur Campino, der – glaubt man seinen
Kritikern – sich irgendwann immer ungefragter zu Wort
meldete, sondern dieser Trend sich letztendlich
fortsetzte, als dass jeder Musiker glaubte, sich zu allen
Problemen äußern zu dürfen und zu müssen.

„Kreator" eine derart authentische Sozial- und
Milieustudie des Ruhrgebietes erstellt, dass Frank Schäfer
ihm die Attribute „Zeitdokument" und
„Bildungsfernsehen" verleiht. (Frank Schäfer, 2010,
S.276)

3.2 „I don´t sing my mother tongue" - Der deutsche/deutschsprachige Metal

Bevor die politische Deutung und Missdeutung der populären deutschsprachigen Bands und der sog. „Neuen deutschen Härte" behandelt wird, sollen hier deren Ursprung, bzw. deren Pioniere zumindest kurz erwähnt werden. Die deutsche Metalband „Breslau" um Alex Parche und Jutta Weinhold haben nicht nur in Bezug auf den Gebrauch der deutschen Sprache im betreffenden Musikgenre Geschichte geschrieben, sondern quasi en passant gleich das Schicksal kommender deutschsprachiger Metalbands vorweggenommen, indem ihnen (nicht ausschließlich!) aufgrund dessen, dass sie auf Deutsch sangen, gleich der Dunst einer völkischen Gesinnung angedichtet wurde. Ist für die „Encyclopaedia Metallum" kurz und bündig klar, dass alle Anschuldigungen gänzlich unbegründet und unglücklich für die aufstrebende Kapelle seien,[151] so macht sich Frank Schäfer noch die Mühe, die Ursachen für das scheinbare Missverständnis aufzuzeigen. Demnach sind (und man hört in der Tat in Weinholds

---

151 „"Volksmusik" was released in 1982, showing a band with a raw and direct style. Unfortunately, they were unjustly accused of right-wing ideology and of using Nazi imagery, which led to bad, negative press, something that would ultimately destroy the band's promising career" (http://www.metal-archives.com/bands/Breslau/11192)

Tonfall den aufmüpfigen Geist der NDW) sehr negative Auslegungen ironischer Texte für das schlechte Image verantwortlich.[152] Darüber hinaus sollte jedoch m.E. der Umstand erwähnt werden, dass die Band zumindest bei der Wahl des Covers ihres Werkes *Volksmusik* wenn schon nicht ungeschickt, so doch ihrer Zeit weit voraus waren.[153]

Unter die Rubrik „Deutsch" möchte ich hier nicht nur die Bands stellen, die wirklich in deutscher Sprache singen, sondern auch auf (Pseudo-)Deutsches in der Metal-Kultur hinweisen. Lemmy benutzt deutsche Zweite-Weltkriegs-Devotionalien zuhauf, KISS fielen in der Frühzeit ihres Schaffens durch die Nutzung der

---

152 Schäfer, 2010, S.37ff.

153 Das Bild der „Wandervögel", die Schäfer als „durchaus emanzipatorische Ziele [verfolgende] Jugendbewegung" beschriebt, ist zwar kein Verweis auf eine völkische oder gar rechte Gesinnung, da die Bewegung unter der NS-Herrschaft aufgelöst (man wollte eine marschierende Jugend anstelle „wandernder Horden") aber auch gezielt assimiliert wurde. Gerade das Brauchtum der Bewegung stellt für die sog. Neue Rechte zumindest einen Anknüpfungspunkt dar, selbst wenn augenscheinlich, wie auch formal vorerst keine Verbindung hergestellt werden kann. Ein Beispiel dafür stellt das Interview mit Fritz-Martin Schulz, dem Bundesleiter der „Nerother Wandervögel" dar, welches in der rechts außen anzusiedelnden „Jungen Freiheit" erschien. (Quelle: siehe Quellenverzeichnis) Gerade diese möglichen Anknüpfungspunkte machen m.E. in ihrer Häufung auch die politisch/ideologisch unverdächtige Musik zu einem möglichen Zugang junger Menschen zur rechten Szene. Darauf wird aber in späteren Kapiteln (vor allem 5.1.3) noch einmal genauer eingegangen.

SS-Runen im Band-Logo auf, Black Sabbath benutzte die Schreibweise ebenfalls (*Sabbath bloody Sabbath*, 1973), Rainbow benutzt (und dadurch besonders „deutsch" wirkende) gebrochene Schrift als Band-Logo (*rising* (1976); *on stage* (1977); *long live rock'n'roll* (1977)), Judas Priest und Saxon benutzen Adler-Darstellungen (*Screaming for Vengeance* (1982); *Wheels of Steel* (1980); *Strong Arm Metal*, (1984)), die an propagandistische Bilder und militärische Standarten der Aera des sog. Dritten Reichs erinnern. Laut Krautkrämer und Petri ist diese Nutzung im Ausland weniger problematisch als in Deutschland, da sie dort nicht die „deutschnationale Aufladung" erfahren hätten, die hierzulande „eine potentiell gefährliche Konnotation zum Nationalsozialismus" ermögliche.[154] Darüber hinaus könne dadurch (da diese Schreibweise besonders in den USA nie üblich gewesen sei) auch „kulturelle Fremdheit" und damit die dem Metal eigene „Jenseitigkeit" ausgedrückt werden.[155] Neben der Schriftart gibt es eine zusätzliche Eigenart in den Schreibweisen, die ein weiteres Motiv für die eben genannten Darstellungen möglich erscheinen lassen. Die englische Band Motörhead benutzt neben der zuvor geschilderten Frakturschrift zusätzlich (und ohne sinnvolle Begründung im Sinne der englischen Sprache) die Ö-Striche im Bandnamen, die zwangsläufig (besonders im Zusammenhang mit der gewählten Schrift) den Eindruck erwecken, dass ein deutsches

154 Krautkrämer/Petri in Nohr/Schwaab, 2010, S.96f.
155 ebd., S.97

Wort dargestellt würde. Gerd Schöwe nennt als Erfinder dieser „`Dschörman Umlauts` […] beziehungsweise `röck döts`"[156] die New Yorker Band Blue Öyster Cult. Gefolgt sind ihnen neben Motörhead noch Mötley Crüe und Spinal Tap (bei denen die „röck döts" als Krönung absolut untypisch über dem „n" zu finden sind). Laut Lemmy sehe dies „irgendwie deutsch" und damit „einfach böse" aus, während Ilse Kögler in ihnen einen „archaischen Touch"[157] sieht. Blue Öyster Cults Manager Sandy Pearlman geht sogar so weit, dass die „Heavy Metal Umlauts" den „Wagnerschen Aspekt im Heavy Metal […] unterstreichen" würden.[158]

---

156 Schöwe, 2010, S.56
157 Ilse Kögler (Die Sehnsucht nach mehr. Rockmusik, Jugend und Religion, Styria, Graz, 1994) , zitiert in Eggeling, 2003, S.239
158 Schöwe, 2010, S.56

3.3 Exkurs: Böhse Onkelz/Frei.Wild

*Die Geschichte der Onkelz wurde schon tausendfach
erzählt. Und weil andere das besser können und
konnten als ich, soll dies hier nicht noch ein weiteres
Mal geschehen. Auch wenn ihre Fans immer wieder
genervt darauf reagieren, müssen in Zusammenhang
mit politischem Rock – und ganz besonders in
Zusammenhang mit rechtem politischen Rock – die
Onkelz hier einzeln erwähnt werden. Ohne die
Bandbiographie Lied für Lied (incl. vermeintlichem
Missverständnis für Missverständnis) herunterzubeten
(und dabei alle Quellen aller „Fachleute"
gegeneinander aufzuwiegen, um die wahrste der
Wahrheiten zu finden) nehmen wir die Onkelz an dieser
Stelle einfach als eine Band, die in ihrer frühen
Vergangenheit dem rechten Spektrum zuzuordnen war
und ihre Fans aus dem rechten Spektrum rekrutierte.
Aufgrund dieser Nischen-Existenz im Rockbusiness war
der kommerzielle Erfolg vermutlich relativ
überschaubar, obwohl die relativ kleine Fangemeinde
sich durch besondere Treue und besonderen
Enthusiasmus auszeichnete. Als Erfolgsrezept nennt
Matthias Herr am Beispiel des Liedes „Bomberpilot",
dass dieses Lied besonders Jugendlichen so gut gefalle,
weil es „ihren Eltern [...] NICHT gefällt".[159] Später
wurden die Texte moderater, das Publikum ebenfalls
und ehe man sich versah, gingen ihre Scheiben*

---

159 Herr, 1994, S.34

(zumindest die nicht zensierten) über den Ladentisch, anstatt unter demselben angeboten zu werden. Obwohl noch lange Jahre große Teile der Gesellschaft misstrauisch sind, kann man heutzutage Onkelz-Insignien tragen, ohne in die rechte Ecke gestellt zu werden, anstatt kleiner Skin-Clubs füllen sie nun Arenen, bzw. Rennstrecken und supporten sogar die Stones. Gerade die Anfangszeit, in der die Onkelz sich im Rock/Punk/Metal-Milieu, welches sich ohnehin als gesellschaftskritisch/-feindlich verstand, auch noch von den „etablierten" Größen dieser Szene geächtet wurden, waren sie nicht nur „hart" im Sinne des vorangegangenen Kapitels „Von der Notwendigkeit...", sondern eigentlich noch härter als hart, quasi die Rocker unter den Rockern.[160]

Aber was machen die Harten unter den Harten, die sich selbst als „Verhasst, verdammt [und] vergöttert"[161] beschreiben, wenn sie auf einmal jeder lieb hat? Zu den Befürwortern der Band gehörten mediale Größen und hauptberufliche Moralwächter wie Daniel Cohn Bendit, Alice Schwarzer und Wolfgang Niedecken.[162] Ihr steiler

---

160 Vielleicht erinnert sich noch der eine oder die andere an den Film „The Commitments" von 1991, in dem die angeblich „schwärzeste" Soulband Dublins, die nur aus Weißen bestand, die Bezeichnung „schwarz" als Synonym für ihr Underdog-Sein verwendete und dies in die gemeinsame Erkenntnis mündete „stolz" auf seine schwarze Haut zu sein.

161 Name u.a. einer Best-Of-Zusammenstellung von 2005 und eines Studio-Albums von 1995

162 Hölscher/Degener: www.findediewahrheit.de; die Angaben wurde auf verschiedenen Internetseiten bestätigt.

Aufwärts-Fall in den Rock-Olymp wurde zu ihrem
Glück durch treue Antipathie seitens der Medien, der
Handelsketten und einiger musikalischer Kollegen
(genannt werden meist Hosen und Ärzte) soweit
gebremst, dass noch genug Konfliktpotential vorhanden
war, um einen Teil des erworbenen Images zu halten.
Am Ende dieser Metamorphose vom Saulus zum Paulus
entstand das Lied „Du sollst den Tag nicht vor dem
Abend loben", in dem offen auf die permanenten als
ungerecht empfundenen Angriffe geantwortet wird.

Schöne Grüße nach Düsseldorf und Berlin

Wir ham' lange überlegt ob wir reagiern
Sollen wir schweigen ? Sollen wir euch ignorieren ?
Doch da wir sowieso dabei sind uns mit allen anzulegen
Kommt das, was wir von euch hören gerade gelegen.
Ihr wart immer schon Kacke, schon immer zu weich
Und eure Pseudomoral erkannten wir gleich
Ihr spuckt ganz schön große Töne
Könnt ihr euch das Leisten ? Was wolltet Ihr damit
bezwecken ? Was beweisen ?

Chorus:
Opium fürs Volk, Scheiße für die Massen
Ja, ihr habt es geschafft, ich beginne euch zu hassen
Wenn ich so etwas sage ist es nicht gelogen
Ihr sollt den Tag nicht vor dem Abend loben

Ich dachte erst noch: Leckt mich,
Doch ihr habt es übertrieben.
Ihr habt zuviel geredet
Und beschissenen Lieder geschrieben.
Wer nicht hören will, muß fühlen.
Ihr habt zu lange provoziert.
Zuviel Scheiße erzählt, und nichts kapiert

Legt euch nicht mit uns an.
Denn wir führen wahren Krieg - Gegen Lügen und
Dummheit
Und das macht uns nicht beliebt.
Doch im Gegensatz zu euch, kann uns nichts passiern
Denn wer keine Sympathie hat, kann sie auch nicht verliern

Chorus:
Ganz anders als ihr - Sind wir Streß gewohnt
Wir suhlen uns darin, nur so fühln wir uns wohl
Genug geredet - nur eins will ich euch noch sagen:
Wenn ihr Ärger wollt, den könnt ihr haben

*Ihr sollt den Tag nicht vor dem Abend loben, E.I.N.S.,
Virgin Records, 1996*

Hinsichtlich meiner Thesen aus dem ersten Kapitel möchte dieser Text aber weit mehr, als sich gegen die verhassten Hosen und Ärzte zur Wehr zu setzen. „Schon immer zu weich", „Pseudomoral" und „Scheiße für die Massen" soll nicht nur die genannten Bands charakterisieren, gegen die gesungen wird, sondern beinhaltet im Rückschluss die Selbstcharakterisierung, „nicht weich", „nicht scheinheilig" und „nur für einen erlauchten Kreis" zu spielen.[163] Möglicherweise sollen die mit der Abkehr vom rechten Sündenfall verloren gegangenen auf anfänglicher politischer Radikalität begründeten

---

163 „Scheiße für die Massen" kann auch als Anspielung auf das Ärzte-Lied „Motherfucker 666" verstanden werden, in dem es heißt „Ich scheiß auf ihre Maße". Mit „Opium für das Volk" werden die Hosen mit dem Titel ihres gleichnamigen Albums von 1996 angesprochen.

Alleinstellungsmerkmale verteidigt werden, worauf besonders das Ende des Liedes hindeutet: „Und das macht uns nicht beliebt. - Doch im Gegensatz zu euch, kann uns nichts passiern - Denn wer keine Sympathie hat, kann sie auch nicht verliern" scheint hier angesichts einstelliger Chart-Platzierungen über Monate eher ein frommer – angesichts des kommerziellen Erfolgs wohl auch halbherziger – Wunsch zu sein. Die Onkelz selbst sind als Teil des musikalischen Mainstreams inzwischen „Volks-" und „Massen-"tauglich geworden.

Eine verblüffende Parallele tut sich zu den bereits zu Anfangs erwähnten Stones auf, welche ihr „Bad-Boys"-Image nutzten, um sich von den Beatles abzugrenzen (jedoch ohne, dass dies in persönliche Feindschaft zwischen den Musikern mündete). Diese rekrutieren die Massen ihrer zahlenden Gäste auf ihren zahlreichen Abschiedstourneen inzwischen nicht mehr unter aufmüpfigen Teeny-Rockern, sondern bestenfalls unter wohlsituierten und oft aufgedunsenen Altbikern. Um das alte Image aufzupolieren ohne einen Hells-Angels-Mord zu riskieren, waren 2003 die Onkelz genau das richtige Maß an Provokation, was noch möglich war, um sich in deren Restschatten zu sonnen, ohne sich die Finger zu verbrennen. Mein Nachbar, der beim Konzert in Hannover zugegen war, beschrieb mir, dass kaum eine Überschneidung der Fangruppen vorlag, sondern in der Pause ein fast vollständiger Personenaustausch vor der Bühne von Statten ging, was gegen musikalische Gründe für das Engagement der Onkelz durch die Stones sprechen würde. Zumindest die New York Post tat in ihrer Ausgabe vom 02.06.2003 beiden den Gefallen, den „Skandal" aufzugreifen.[164] Dass das Rad der Geschichte immer wieder gleiche Früchte hervorbringt, zeigt der Erfolg der Band Frei.Wild, die das brachliegende personelle Onkelz-Fans-Potential problemlos aufgriffen und durch offen zur Schau getragenen Patriotismus (der an sich erst einmal nichts schlechtes sein muss!) versuchten, sich auch den gleichen umstrittenen Ruf anzueignen. „Kalkuliert", „aber es funktioniert"[165], wie Frank Vohwinkel von Betontod feststellt, was wohl auch teilweise durch das Publikum verstärkt wird, welches unter ähnlicher Beobachtung steht, wie einst bei den Onkelz: So bemerkt Laura Niebling, dass die beiden „Vollidioten" (aus dem Land der Vollidioten?), die beim W:O:A 2011 Bülent Ceylan rassistisch beschimpft hatten, Frei.Wild-Shirts getragen hätten.[166]

---

164 Nachzulesen u.a. unter:
http://www.roadrunnerrecords.com/blabbermouth.net/new s.aspx?mode=Article&newsitemID=12444

165 Albrecht, 2011, S.63 – Vorher versucht er noch höflich zu umschreiben, indem er bemerkt: „Aber da gibt es noch diese eins-zu-eins-Kopie [Bemerkung GHW: gemeint sind im Zusammenhang die Onkelz, die kopiert werden], die mit dieser Masche auch noch Erfolg hat."

166 Niebling, 2011, S.126 – (Ich selbst kann mich von dieser besonderen Aufmerksamkeit auf deren Fans nicht freisprechen, hat uns doch auf dem W:A:O 2009 auf der „Faster-Harder-Louder-Lane" ein Bilderbuch-Fascho-Skin, wie man ihn seit den frühen 90ern nicht mehr gesehen hat, per Flyer zum „secret-gig" von Frei.Wild ins Zelt eingeladen. Ich habe sein Gesicht noch immer vor

Bezüglich der hohen Dichte von offen rechts orientierten Fans auf Konzerten seiner Band entgegnet Frei.Wild-Sänger Philipp Burger: „In Südtirol gibt's nun mal Skins, die auch das Recht haben, auf Konzerte zu gehen. Solange sich die Leute benehmen, bin ich sicher der Letzte, der sagt: ‚Du darfst nicht reinkommen.' Warum? Mit welchem Recht? Nur, weil er anders denkt, weil er was anderes wählt?"[167], womit er Faschismus aus der Tabu-Zone in die Reihe möglicher Meinungen stellt, was nicht überraschen muss. Offen zur Schau gestellte Heimatliebe selbst mag in einem Genre, das in erster Linie von Konsumenten der U40-Generation frequentiert wird, eher ungewöhnlich sein, jedoch per se kein Grund politische Straftäter zu wittern, da man sonst die gesamte Volksmusikszene vom Verfassungsschutz beobachten müsste.[168] Solche Äußerungen wirken aber beunruhigend, wenn die Band neben der teilweise recht(s) extremen Haltung zu (auch politischer) Gewalt im Vorfeld der Frei.Wild-Gründung und der Beziehung zu etablierten Größen der Rechts- und „Identitätsrock"-Bands wie „Nahkampf" oder „Kategorie C" durch das Netzwerk „thiazi.de"[169] „trotz [der] Distanzierungen von der Szene[mit folgender Begründung] geschätzt [wird]" : "Ich denke,

---

Augen.)

167 Kuban, in „Die Zeit", 2012

168 Diese Aussage impliziert meine Vermutung, dass die Volksmusikszene *nicht* vom Verfassungsschutz beobachtet wird!

169 ein Forum, das sich als „Germanische Weltnetzgemeinschaft" versteht!

dass Frei.Wild das genau richtig macht - eine rechte Einstellung in der Öffentlichkeit zeigen, bedeutet unterzugehen, die unpolitische Schiene zu benutzen bedeutet, eine große Masse ansprechen zu können." Ein anderer pflichtet bei: "Sie hatten immer ihren patriotischen Standpunkt in den Texten, ohne ins Extreme abzuschweifen. Das finde ich sehr hilfreich (im nationalen Sinne), denn damit erreichen sie gut ‚normale' Leute, welche dadurch schneller ihre Vorbehalte gegenüber Patriotismus und Nationalstolz verlieren." " [170]

Was Frei.Wild meiner Meinung nach (rein ökonomisch betrachtet!) vollkommen „richtig" macht, ist die gekonnte Gratwanderung zwischen der Identifikation mit der Randszene aus „vielleicht-Rechten", der Hool-/Ultra-Szene u.a. einerseits und der Grenze zu dem, was noch ausgesprochen werden darf und kann, um den kommerziellen Erfolg (beispielsweise durch Großauftritte in Wacken) nicht zu gefährden, andererseits. So funktioniert anscheinend das Geschäft! Doro Pesch ergänzt bei gleicher Sekundärquelle, dass deutscher Gesang immer Probleme verursache, womit wir uns den größten Exporteuren unserer Sprache zuwenden müssen:

---

170 bis hier wieder Zitat aus Kuban, 2012, ebd.

3.4 Exkurs: Rammstein

Wie schon bezüglich der Onkelz und in Ansätzen bei Frei.Wild soll hier keine Biographie wiederholt werden, sondern gleich auf die Bedeutung der Band für die Fragestellung des Buches hin untersucht werden. Rammstein haben seit ihrer Gründung 1994 die Nation – und nach internationalem kommerziellen Erfolg – auch die Welt gespalten. Nachdem bis in die späten 80er Jahre dem „klassisch-etablierten" Metal nichts anderes übrig blieb, als sich dem Zwang, englisch singen zu müssen, unterzuordnen, haben Rammstein – um dem Kapitel 4 „Glocal Metal..." vorzugreifen – wohl weitgehend aus der Not heraus[171] einen neuen Trend etabliert[172]. Dem berliner Sextett kam wohl auch zugute, dass der etablierte Metal in einer Krise steckte und sich große Scharen des Fußvolks dem Grunge zuwendeten. Auf diese Weise fielen gänzlich neue Töne weniger störend auf und wurden deutlich wohlwollender zur Kenntnis genommen. Metal, der auf Deutsch daherkam, galt natürlich in erster Linie in der damaligen westlichen „Leitkultur" besonders exotisch.

---

171 Rammstein/Till Lindemann auf Englisch klingen in etwa wie Arnold Schwarzenegger in seinen ersten Filmen.

172 Als Wegbereiter der sog. „Neuen deutschen Härte" müssen hier sowohl die Krupps, als auch in erster Linie Oomph genannt werden, die aber zum einen durch einen geringeren kommerziellen Erfolg weniger prägend für die musikalische Landschaft waren und deren Anhänger auch nicht so eindeutig dem Metalblock zuzuordnen sind, wie bei Rammstein, sondern auch in andere dunkle und elektronische Gefilde verstreut sind.

Dass man im Osten (und damit meine ich nicht Moskau, sondern alles östlich von Helmstedt) jegliche Art von Rock zumindest in der Heimatsprache von sich gab, war weniger ein patriotischer Gag als vielmehr eine Notwendigkeit auch kritische Untertöne unters Volk zu bekommen. Wer die geballte Ladung von Vorurteilen und Anschuldigungen in reinster Form konsumieren möchte, dem sei der Artikel „Fascist Metal" aus den „Forein Dispatches" ans Herz gelegt. Neben den üblichen Verdächtigungen wird (und dafür bedürfte es einer englischsprachigen Quelle!) unterstellt, dass das Lied „Reise, Reise" eine englischsprachig-codierte Form („Arise") der tabuisierten Formel „Erwache" aus dem Nazi-Jargon sei.[173] Diese Vermutung erscheint geradezu lächerlich in Anbetracht der nichtcodierten offenen Provokationen, mit denen sich Rammstein ohnehin dem Radio- und MTV-Standart zu widersetzen versuchen. Gerade dieses Bestreben wird weniger als Ziel von Rammstein gesehen, sondern viel mehr als eine Notwendigkeit, um die gewünschten Aussagen zu verpacken.[174]

---

173 „A German play on an English word ("Rise") to get around the taboo on using "Erwache" - very clever." , Fascist Metal, Foreign Dispares, 09.01.2005

174 „Wir wollen Ärger", FAZ, 13.10.2009: „Lorenz: Auf jeden Fall. Alles ist so zugeflutet, dass man normalerweise gar nicht mehr zu den Menschen vordringt. Früher im Osten haben die Leute noch zugehört, da haben Feinheiten zwischen den Zeilen gereicht. Jetzt sind die Leute so abgestumpft, da hilft nur noch Gewalt."

3.5 Live behind the Iron Curtain - Die Rolle des Metals jenseits des eisernen Vorhangs

„Geduldet, aber nicht erwünscht" - „Als Metaller im Osten war ziemlich kacke"[175]

Während ich über die ostdeutschen Puhdys den Weg zum Classic Rock und über diesen zum Metal fand (was mich in meiner Schulzeit auch musikalisch zu einem Sonderling machte) und ich über mehrere Westpressungen meiner Helden verfügte, konnte mein Schulfeund Jan aufgrund seiner sächsischen Herkunft die Original Ost-Amiga-Pressung von *Highway to Hell* vorweisen, was mich damals zu Schulzeiten sehr beeindruckt hatte! Wenn wir uns jedoch die Metalkultur Ostdeutschlands anschauen, so müssen wir nüchtern feststellen, dass diese laut Frank Schäfer bis zum Zusammenbruch des Gebildes „DDR" nicht wirklich stattfand.[176] Dies ist umso erstaunlicher in Hinblick auf die Tatsache, dass Metal-Erzeugnisse sehr viel unkomplizierter und erfolgreicher als andere westliche Kulturartikel den Weg durch die Zensureinrichtungen des Arbeiter- und Bauernstaates fanden, und somit der Jugend eine relativ hoher Zugangsgrad zu westlichen Metalbands ermöglicht wurde.[177] Eine mögliche

---

175 „Moloch" (Fatal Embrace) in Guillera/Iller, 2010, Min. 81,28
176 Frank Schäfer findet die nettere Umschreibung „Metal-Provinz" (Schäfer, 2010, S.43)
177 ebd., S.44f.

Ursache (sowohl für mangelnde Ausbildung einer eigenen konstant erhaltenen Szene, als auch für die geringe Beachtung seitens der offiziellen Stellen) könnte die Sprachbarriere gewesen sein. Metal war (mit – wie weiter vorne beschrieben – wenigen Ausnahmen) zumindest sprachlich fest in englischer Hand. Das englisch eingesungene *Rock'n'Roll Music*-Album der Puhdys von 1977 gilt als Ausnahme und ist bestenfalls unter der Rubrik „Zeitzeugnisse" noch von Bedeutung. Heiländer (!), Sänger der ostberliner Thrash-Band Fatal Embrace beurteilte den ostdeutschen Metal von innen heraus komplett anders, als Schäfer es aus der Gegenwart und dem goldenen Westen heraus sehen konnte: „Die Metalszene war riesig groß, war eene de geilsten, dies jemals gab". Dennoch wird hinzugefügt, dass es – obwohl nicht verboten - besonders mit der Obrigkeit erhebliche Probleme gab. Auftritte, die nur auf Deutsch gesungen werden durften, Überwachung, Reglementierungen[178] und Festnahmen, die zum Alltag der Ost-Metaller gehörten, konnten nicht verhindern,

---

178 Die Anordnung Nr. 2 über die Ausübung von Tanz- und Unterhaltungsmusik vom 1.11.1965 beinhaltet in seinem 4. Paragraphen die Möglichkeit des befristeten oder unbefristeten „Entzug[s] der staatlichen Spielerlaubnis" bei „Anlass der Störung der öffentlichen Ordnung". Für die Ausstellung dieser notwendigen Befugnis bedurfte es gemäß §2 der Anordnung im Vorfeld den Nachweis der „künstlerischen Befähigung" und der „erforderlichen gesellschaftlichen Voraussetzungen", was bereits im Vorfeld Zensurmöglichkeiten bot. (Nachzulesen bei Rauhut, 2002, S.14)

dass es laut Heiländer wöchentlich Auftritte vor
hunderten von Zuschauern gegeben habe.[179]
Aber schon lange vor den ersten Wehen des Metals
erkannte die Staatsführung die Gefahr, die von harter
Musik ausgehen solle. Erich Honecker schrieb bereits
im Dezember 1965 bezüglich der Popularität westlicher
Beatmusik durch das „Deutschlandtreffen" im Vorjahr
und dem davon verbliebenen beliebten Jugendsender
„DT64", „daß der Gegner diese Art Musik ausnutzt, um
durch Übersteigerung der Beat-Rhythmen Jugendliche
zu Exzessen aufzuputschen"[180]. Er fügt aber in seinem
Bericht hinzu, dass „Niemand in unserem Staate" […]
„etwas gegen gepflegte Beat-Musik" habe, deren
„dekadente Züge" aber „die moralische Zersetzung der
Jugend" begünstige.[181] Einen zweiten Frühling konnte
die harte Musik durch ein anderes staatlich anberaumtes
Festival – die 10. Weltfestspiele 1973 – erleben. Mit
ihrem „zur Festivalhymne erkoren[e] Lied"[182] *Ketten
werden knapper* setzte die Klaus Renft Combo neue
Maßstäbe, indem sie mit „deutschen Texten, in denen
alltagssprachliche Botschaften, aber auch kritische

---

179 „Heiländer" (Fatal Embrace) in Guillera/Iller, 2010, Min.
 82,20
180 Malycha, 2011, S.44, Erwähnenswert erscheint in diesem
 Zusammenhang ein Artikel im SED-Zentralorgan „Neues
 Deutschland" vom 17.9.1965, in dem Bezug nehmend zu
 den Krawallen beim Rolling-Stones-Konzert in der West-
 Berliner Waldbühne sogar von „Kriegsvorbereitung"
 durch „Massenhysterie" geschrieben wird. (zu finden bei
 Rauhut, 2002, S.30)
181 ebd.
182 Malycha, 2011, S.55

Kommentare zum Leben mit täglich erlebten Widersprüchen"[183] den Zeitgeist verbalisierte. So gab sie darüber hinaus auch ein Startsignal für eine Gründungswelle neuer DDR-Bands, die teilweise auch in Westdeutschland Erfolge feiern durften. Die resultierende Hoffnung auf eine kulturpolitische Liberalisierung fand jedoch spätestens mit der Ausbürgerung Wolf Biermanns 1976 ein jähes Ende. Hier zeigt sich – trotz unterschiedlicher Bewertung des nachhaltigen Einflusses auf die Kulturwelt – die eigentliche Wirkung des Metals direkt hinter dem eisernen Vorhang. Harte Musik schaffte es noch sehr viel erfolgreicher als im Westen Deutschlands, durch Provokation eine Gegenwirklichkeit aufzubauen. Die gewünschte innere Abgrenzung, die die nicht mögliche geographische Abgrenzung vom SED-Staat ersetzen sollte, wurde darüber hinaus durch die Schreibweise der besonders damals populären Band KISS erleichtert, deren Schreibweise mit Runen-S unabhängig von transportierten Inhalten im Osten noch verpönter als im restlichen Deutschland für negatives Aufsehen sorgte. Dass es neben den bereits geschilderten Aufregern in der DDR noch eine echte Nazi-Szene gab, soll hier nicht unerwähnt bleiben, obwohl diese „echte" Skin- und Oi-Szene nicht explizit Thema dieses Buches ist. In Hinblick auf das erste Kapitel muss jedoch die These Toralf Stauds genannt werden, nach der diese Szene in

---

183 ebd.

„einem Staat, der sich als antifaschistisch definiert [...]
der denkbar größte Tabubruch" war.[184]

Franz Sz Horwáth beschreibt ähnliche Entwicklungen,
die zeitgleich in Ungarn abliefen. Interessant wäre hier
die Rolle der (nahezu zeitgleichen) Niederschlagungen
von Protestbewegungen in beiden Ländern in der
direkten Nachkriegszeit für die Ausformung einer
eigenen Protestkultur, was hier in diesem Rahmen
jedoch nicht geleistet werden kann.[185] Er schildert
jedoch – ähnlich der musikalischen Proteste in der DDR
– eine lebhafte musikalische Untergrundszene, die teils
offen, teils codiert die Grundfesten des Staates in Frage
stellte, oder gar (vergleichbar mit der Exodus-
Symbolik[186] in den Gospels der schwarzen Sklaven der
US-amerikanischen Südstaaten) Anspielungen
bezüglich der Flucht nach Westen einbauten.[187]

---

184 Staud, 2006, S.44

185 So schildert Horváth die Agitation einer Opposition im
Nachklang der 1956er-Proteste (Horváth in
Nohr/Schwaab, 2011, S.339)

186 Exodus meint hier den realen Exodus der Israeliten und
nicht die gleichnamige Band.

187 ebd., S.333 und 339f.

3.6 Menschen- und Männerbild im Schwermetall

Für Jörg Eggeling ist der Metal die „Domäne der Männer schlechthin"[188], deren Verhaltensmuster sich in Sprache, Genussmittelkonsum und Gruppenverhalten zeigen. Für ihn ist das fast stereotype männliche Verhalten in erster Linie ein Ausdruck physischer Stärke durch männliche Sexualität.[189]

Für ihn ist die Verbindung harter Musik und männlichem Nimbus nicht automatisch auf den Paganismus hinweisend, sieht er doch eine erhebliche Diskrepanz zwischen der heidnischen Lehre der „Ausgewogenheit von männlicher und weiblicher Gottheit"[190] und der „maskulinen Dominanz [mit deren] entsprechende[n] Rituale[n] in den Peer Groups".[191] Dass dieses Männerbild oft direkten Einfluss auf die martialischen Schlachten-, Kriegs- und Gewaltdarstellungen hat, versucht Sören Philipps am Beispiel der Band Manowar zu belegen.[192] Deena Weinstein sieht darin eher den maskulinen Ethos der Arbeiterklasse, der dem Metal als Unterschicht-Kultur innewohnt. Herbert Schwaab bezieht in seine Beobachtung des metallischen Männlichkeitshabitus die karikierende Überhöhung durch die fiktive Band

---

188 Eggeling, 2003, S.203
189 ebd.
190 M.J. Green: Die Druiden, zitiert in Eggeling, 2003, S.252
191 Eggeling, 2003, S.252
192 Sören Philipps in Nohr/Schwaab, 2010, S.448f.

„Spinal Tap" ein. Deren Lieder *Sex Farm* und *Big Bottom* (der einen direkten Vergleich zu *Smelly Nelly* von Krokus ermöglicht) stellten die Praxis chauvinistischer und teilweise „beleidigender" Inhalte exemplarisch, überspitzt und dadurch fokussiert dar.[193] Als Ursache sieht Eggeling die „Selbstfindung" des Adoleszenten, die sich durch eine radikale Abgrenzung von allem weiblichen als auch homoerotischen Image ausdrückt, um die „Unsicherheit gegenüber dem weiblichen Geschlecht" zu überwinden.[194] An die Stelle des nicht unternommenen Kreuzzuges zum anderen Geschlechte (übertragen: zur realen Prinzessin) hin, werden hier (wie bei antiken Helden) „fiktive Mut- und Bewährungsproben [...] gemeinsam unternommen".[195] Daraus resultierend, lässt sich das bei Manowar (als exemplarischer Klischeeträger) praktizierte Machogehabe nicht von martialisch militanten Texten und Gesten trennen. Für Birgit Richard und Jan Grünwald wird die Männlichkeit im Black Metal als „fiktive Hypermaskulinität" zu einem „ideologischen System", in dem die Männlichkeit eine letzte freie Nische besetze.[196] Ähnlich äußert sich Malcom Dome, der ausführt, dass es in dieser Männerdomäne „Metal" keine Probleme mit Frauen gäbe, da es ja keine Frauen dort gäbe.[197] Diese Probleme stellten sich laut Deena

---

193 Vergl.: Norbert Schwaab in Nohr/Schwaab, 2010, S.142
194 Vergl.: Eggeling, 2003, S.226f.
195 Sören Philipps in Nohr/Schwaab, 2013, S.448
196 Richard/Gründwald in Nohr/Schwaab, 2010, S.48
197 Vergl.: Dunn/McFadyen, 2005, Min. 50,15

Weinstein dadurch dar, dass der Inbegriff der Freiheit,
der dem Metal innewohne, dadurch zerstört würde, dass
Frauen von Natur aus die Freiheit des Mannes durch
Domestizierung einengen wollten.[198]
Diese frauenfreie Gesellschaft ermögliche es auch dem
bekennenden Homosexuellen Gaahl (Ex-Gorgoroth),
sich „in einer relativ homophoben Subkultur" zu
behaupten. Die Verschiebung in der Darstellung dieses
vormals in Stein gemeißelten Images zeigt sich nicht
nur in extrem androgyner Selbstdarstellung eines Neige
(Alcest), dem schon historisch anmutenden Outing eines
Rob Halford oder gar in einem Geschlechtertausch von
Life of Agony-Sänger Keith in Mina Caputo. Auch die
optische Ästhetisierung, die sich in der vormals
frauenfreien Bierbauchwelt männlicher Metaller hin
zum „Waschbretttattoo" der Emo- und HipHop- Kultur
wandelte, stellt traditionelle Männlichkeitsbilder auf den
Kopf.[199]
Dieses zeigt sich mit am schönsten auf den Covern der
Band Manowar: *Hail to England* (1984), *Blow your
Speakers* (1987) oder auch *Gods of War* (2007) bieten
stahlharte Muskeln, Waffen und jede Menge nackte
(und auch gern gefesselte) wohlgeformte Damen, und

---

198 Vergl.: Dunn/McFadyen, 2005, Min. 46,33
199 Richard/Gründwald in Nohr/Schwaab, 2010, S.47. Noch
    weiter auf den Kopf gestellt wird das klassische männliche
    Ideal durch die Aussage Dee Sniders, dass der Metal
    (gerade in seiner Anfangszeit) schon allein dadurch
    homoerotisch gewesen sei, dass ein männliches Publikum
    Männer in engen ausgestopften Hosen anschaue (vergl.
    Dunn/McFadyen, 2005, Min. 50,50).

lassen damit keine Wünsche des im vorangegangenen geschilderten, sich selbst findenden Heranwachsenden unbefriedigt. Dieses Männlichkeitsideal wird von den Glam-Bands der 80er gänzlich auf den Kopf gestellt. Für Dee Snider und Vince Neel war es klar, dass sich durch ihre äußerliche Verwandlung lediglich der Alleinstellungsfaktor in der Szene erhöhen soll, ohne die sexuelle Orientierung in Frage zu stellen.[200] Rob Jones sieht in diesem Verhalten sogar die absolute Steigerung der maskulinen Identität, da es die genanten Musiker noch nicht einmal mehr nötig hätten, wie Männer auszusehen.[201] Anja Mankel sieht in der niedrigen Zahl weiblicher Metalfans einen möglichen Grund für das martialisch die Männlichkeit übersteigernde Verhalten, das „an Rangkämpfe und Balzverhalten im Tierreich"[202] erinnere. Britta Görz von Cripper beklagt, dass eine „weibliche Metal-Identität [fehle]"[203] und erkennt darin den Grund, weshalb weiblicher Einfluss in den Metal und selbst weiblicher (auch Growl-)Gesang sich stets dem Vergleich mit den männlichen Äquivalenten stellen müsse.[204]
Deutlich subtiler – dafür aber auch deutlich früher – spielt David Coverdale mit der männlichen Potenz auf dem Plattencover. Ob die „weiße Schlange" des

---

200 Vergl.: Dunn/McFadyen, 2005, Min. 49,14ff
201 ebd., Min. 50,15
202 Mankel, 2009, S.47
203 Schäfer, 2011, S.37
204 Vergl.: ebd.

Bandnamens[205] zwangsläufig als Penis gelesen werden muss, mag dahingestellt sein. Spätestens seit dem Album *Lovehunter*, auf dessen Cover eine unbekleidete Schönheit lustvoll eine nicht ganz weiße Schlange reitet, kommt der objektive Betrachter nicht mehr um diese Assoziation und Interpretation herum. Möglicherweise war hier aber weniger der Macho-Image-Gedanke im Vordergrund als viel mehr die verkaufsfördernde Provokation, die – durch erhebliche negative Presse belegt – wohl offensichtlich erfolgreich einschlug. Matthias Herr sieht in der Retrospektive des Covers bezüglich „irgendwelche[r] Schwellkörper" die „einzige Auswirkung" darin, dass „die Adern am Hals […] vor Lachen hervortreten".[206]

Der Medienwissenschaftler Dieter Prokop erklärt solche Darstellung (er bezieht sich jedoch in erster Linie auf filmische Darstellungsmuster) mit der „Symbolbildung", die es dem Rezipienten schneller und einfacher ermöglichen, in Phantasierollen zu schlüpfen und die damit verbundene Identifikation zu ermöglichen.[207]

---

205 „Whitesnake" nannte Coverdale seine Post-Deep-Purple-Formation, nachdem er zuerst nur unter seinem eigenen Namen ein Album namens *Northwinds* veröffentlicht hatte. Dieses wurde später in das Whitesnake-Debutalbum *Snakebite* vollständig integriert.
206 Herr, 1990, S.184
207 Vergl.: Prokop, 1995, S.233

4. Glocal Metal – Das globale Dorf des Metals – zwischen Heimatverbundenheit und weltweiter Einheit

Glaubt man den Besuchern und Veranstaltern des W:O:A, so trifft sich jeweils am ersten Augustwochenende die ganze Welt zu einem Fest in Norddeutschland, um sich gemeinsam als große Familie des Metals selbst zu feiern.[208] Spätestens seit dem Siegeszug des Rock´n´Roll in der Nachkriegszeit ist die englische Sprache die Weltsprache jeglicher Jugend- und Populär-Kultur geworden und demnach auch die Hauptsprache des Metals. Rolf Nohr sieht darüber hinaus den Metal sogar als die beste Ausdrucksform „um eine Artikulation von Widerstand" [209] als „einzige genuine Weltmusik"[210] zu erreichen. Zusammengefasst

---

208 „´Wacken rules!´ dröhnt als Schlachtruf und 40000 Heavy-Metal-Fans mit langen Haaren, schwarzen Ledermänteln und Nietenhalsbändern strömen aus aller Welt in das Dorf. Sie sind gekommen um ihre Musik und sich zu feiern." So plakativ, klischeehaft und richtig wird das Festival auf dem Klappentext von Cho Sung-Hyungs Film „Full-Metal-Village" beschrieben.
209 Schwaab/Nohr, 2011, S.328. Er bezieht sich dabei auf eine Szene aus dem Film „Persepolis" (2007) von Marjane Satrapi und Vincent Paronnaud
210 ebd., S.329

ist englischsprachiger Metal global ein verbindendes Element einer rebellierenden Jugend. Das klingt zuerst einmal zu einfach, würde aber sowohl von mir, als auch vermutlich einem Großteil der sich mit der Thematik beschäftigenden Bevölkerungsschichten problemlos unterschrieben.

Keine Regel ohne Ausnahme, die wiederum zur Regel werden könnte, vor allem, wenn etwas zu einfach klingt – wird doch jeder Ton dieses globalen Aufbegehrens in „lokalen kulturellen Kontexten"[211] hervorgebracht. Galten diese anfangs noch als verpönt, so beschreibt Max Cavalera (Ex-Sepultura) die Schwierigkeiten, die die Band hatte, als sie 1996 mit *Roots* auch traditionelle Instrumente und Rhythmen Lateinamerikas in ihre Musik einbauten, anstatt (Nord-) „Amerika zu kopieren"[212], und verweist auf das Recht und die Pflicht – auch musikalisch – eine eigene Identität zu wahren. Dass dies gelang, betont Robert Müller in seiner Album-Rezension im Metal-Hammer, wo er nicht nur betont, dass die Verbindung des rohen Metals mit den volkstümlichen Klängen nicht „billig imitiert" wirkten, sondern darüber hinaus bescheinigt, dass diese Synthese den Metal „um Jahre voran" gebracht hätte.[213]
Aufbauend auf den Thesen des ersten Kapitels, dass der Erfolg der Rockmusik in seinem provokativen Charakter begründet liegt, belegt Franz Sz. Horváth die Entstehung und den Erfolg ungarisch-sprachigen Metals

---

211 ebd.
212 McFadyen/Dunn, 2008, Min.13,50f.
213 Vergl.: Zahn, 2012, S.72f.

im ethnisch bunt besiedelten Siebenbürgen in Rumänien, wo jegliche „kulturelle Produkte in den Minderheitensprachen weitgehend verboten" und demnach „Siebenbürgisch-ungarischer Heavy Metal […] erst recht undenkbar" gewesen seien.[214]
Dass der Metal überall auftauchen und symbiotisch mit der vorherrschenden Kultur seine eigenen Spielweisen entwickeln kann, macht auch vor Ländern und Regionen nicht Halt, die wir nicht sofort auf der „Metal-Weltkarte" vermuten würden. Israel als eine Art westlicher Ableger im Orient überrascht uns dabei vielleicht etwas weniger als andere Länder des Nahen und Mittleren Ostens, vor allem seit Orphaned Land sich weltweit einen musikalischen Ruf erarbeiten haben. So betont Sänger Kobi Farhi den Zusammenhang von Kultur und Herkunft folgendermaßen: „Well, I think, it´s important for an artist to reflect his place, his culture."[215] (Deutscher Untertitel: „Ich glaube, dass es wichtig für einen Künstler ist, seine Herkunft, seine Kultur widerzuspiegeln.")
Noch einen Schritt weiter geht er mit der Behauptung:„I think there isn´t any other place special as Jerusalem. The culture of this place, this land, it´s very complicated, it´s very ancient on one hand and it´s very mixed on the other hand."[216] (Deutscher Untertitel: Ich glaube, Jerusalem ist ein ganz besonderer Ort. Die Kultur dieses Ortes und dieses Landes ist sehr

214 Horvath in Nohr/Schwaab, 2011, S.339
215 McFadyen/Dunn, 2008, Min. 64,04ff.
216 ebd., Min. 63,13-25

kompliziert. Auf der einen Seite ist sie uralt und auf der anderen Seite bunt gemischt.)

Eran Segal (Whorecore) ergänzt: „The fact, that we live in probably most of the controversial places and probably one of the most hostile places on earth, it gets in it, you know, this effect of violence everywhere, and battle stuff like that, and probably that´s why we could be heavier than other bands in other places of the world.“[217]

(Deutscher Untertitel: Es prägt uns, dass wir in einem der kontroversesten und wahrscheinlich auch feindseligsten Ländern der Welt leben. Dieser Effekt, den die Gewalt und der Krieg auf einen hat … Das könnte der Grund sein, warum wir vielleicht härter klingen als andere Bands.)

Wenn wir den Bezug volkstümlicher Kultur und Metal mit dem Fokus auf den rechten Rand verbinden wollen, so müssen wir an dieser Stelle den Blick auf den sogenannten Folk-Metal werfen, in dessen weitgehend wahrgenommener Umsetzung meist die Verbindung mit den Klängen der nordisch-keltischen Musik steht.

Als Wegbereiter gelten hier – und auch hier lassen sich vermutlich je nach Vorliebe viele andere Wahrheiten finden – Skyclad. Ähnlich wie die an anderer Stelle im Buch genannten Oomph (als Pioniere der Neuen Deutschen Härte) sind es auch hier die eigentlichen Pioniere, die nicht zum Aushängeschild des von ihnen geprägten und voran gebrachten Genres erkoren

---

217 ebd., Min. 64,8-64,28

wurden. Die Kritik des „Album des Monats" 2/96 im
Metal Hammer *Irrational Anthems* klingt noch ein
wenig hilflos, wenn Robert Müller schreibt, bei Skyclad
sei der „wütende linksanarchistische Konservativismus"
Ausdruck für ihr Dasein als „Kritiker der Moderne".[218]
Matthias Herr schreibt 1994 noch recht unsicher über
deren Debüt von „folkloristisch-pittoreske[n]
Klangelemente[n] und bezüglich der Optik von „einer
Huldigung der englischen Historie", worin sich zeigt,
dass sich die Ausbildung des Subgenres einerseits noch
nicht in Gänze vollzogen hatte und andererseits die
entsprechende Fachsprache noch nicht ausgebildet
war.[219] Erhellung bezüglich des Zusammenhangs
zwischen mittelalterlichen Themen und der
(Folk-)Metalszene erhoffte ich mir aus einem Spezial
auf der MaximumMetal-DVD Nr.144. MetalHammer-
Mitarbeiter Sebastian Kessler versuchte dort gemeinsam
mit Mitgliedern der erfolgreichsten Vertreter des Genres
Subway to Sally, Schandmaul und In Extremo dem
Geheimnis auf die Spur zu kommen, wie es zu dieser
Verflechtung moderner Musik mit altertümlichen
Themen und Klängen kommen konnte. Ehrlich gesagt
hatte ich mir für dieses Kapitel wertvolle Aussagen
erhofft. Die wertvollste Aussage, die sich bei allen drei
Bands gleicht, ist die Feststellung, dass sie alle nicht
über die Thematik Mittelalter (die eher mit dem
schulischen Geschichtsunterricht und mit Lego-Rittern
der Kindheit verbunden wird!) zu diesem Stil gefunden

218 Zahn, 2012, S.72
219 Herr, 1991, S.129

hatten, sondern zufällig durch die Wahl der vorhandenen Instrumente diesen Stil aufgriffen. Eric Fish spricht dabei dann zur Erleichterung des unermüdlich Fragen stellenden Redakteurs zumindest von „Stilanleihen" aus vergangenen Epochen, die auch bei der sprachlichen Umsetzung dieses Stils die Möglichkeit eröffne, „zeitlose" Geschichten zu erzählen.[220] Die Quintessenz des „Specials" lässt sich am Ende mit der vorletzten Frage an Schandmaul zusammenfassen: „Was hat Mittelalter mit Metal zu tun?" Thomas Lindner antwortet (offensichtlich ganz und gar nicht im Sinne Sebastian Kesslers, der vermutlich Ausführungen über Härte, Schwerter, Drachen und Jungfrauen hören wollte!): „Ehrlich gesagt, weiß ich´s nicht!"

Drei Monate zuvor hatte der gleiche Sebastian Kessler Eluveitie in deren schweizer Heimat besucht.[221] Mich hätte interessiert, welche Antworten hier auf die gleichen Fragen gekommen wären, aber so verläuft der Besuch im Stil einer Bravo-Home-Story, bei der man Musiker stolz ihre Holzöfen präsentieren sieht. Wieder hofft Sebastian Kessler auf mythologische Bekenntnisse, als er einen mit einem Heptagramm versehenen Holztisch vorfindet: „Und die Symbole darauf, was bedeuten die? Einfach nur Zierde?" Worauf Chrigel Glanzmann erwidert: „Ähm ja, das Sternchen ist effektiv einfach nur Zierde."[222]

---

220 Beide Zitate: Maximum Metal 144, 2009, Min. 4,39ff
221 Maximum Metal 141, 2009
222 ebd., Min. 3,31ff

Zwischen den Zeilen erkennt man aber durchaus den Lyrics entsprechende Image-Pflege, die auf Ursprünglichkeit, Naturverbundenheit und Heimatliebe abzielt. So wird direkt zu Beginn auf die Notwendigkeit hingewiesen, im Sommer Gemüse und Kräuter anzubauen, um davon im Winter zu leben, um wenige Sekunden später ein einheitliches Kräuterregal mit einheitlichen Kunststoffbehältnissen zu zeigen.[223] Hier zeigt sich der Wunsch, traditionelles und naturverbundenes Leben nach außen zu kommunizieren. Jan Leichsenring sieht sogar eine gesamte Entwicklung hin zur „Vormoderne"[224], die sich thematisch, symbolisch, musikalisch und optisch äußert.
Ein Ende der Entwicklung ist nicht in Sicht: Arkona aus Russland beispielsweise definieren ihre Spielart von „Folk" trotz russisch-slawischen Einschlages nur noch als „traditionell", aber nicht mehr als „notwendig russisch".[225]

---

223 ebd., Min. 0,47-1,17
224 Nohr/Schwaab, 2011, S.296f.
225 Müller, 2009

5. Zwischen volkstümlich und völkisch: Wo der braune Wolf aus dem schwarzen Schafspelz lukt

„Metal hat nie eine Kontroverse gescheut, er hat immer gegen Autoritäten rebelliert und gegen die etablierten Religionen gestanden. Aber wie ich in Indonesien gesehen habe, ist er in seltenen Fällen auch eine Stimme des Hasses.“[226]

Mit diesem Zitat möchte ich das letzte Kapitel einläuten, in dem die zuvor geschilderten Phänomene unter dem Gesichtspunkt fokussiert werden sollen, inwieweit aus Provokation, politischer Agitation sowie historischer und lokaler Verbundenheit eine Essenz entstehen kann, die rechtsidiologischem Hass zumindest die Tür öffnet.

Inwieweit Faschismus oft nicht von anerzogenen Mustern einer antijüdisch agierenden Gesellschaft abzugrenzen sind, macht das Interview deutlich, das Sam Dunn mit Ombat Nasution, dem Sänger der Indonesischen Metalband Tengkorak führt. Dort widersagt dieser den Zielen islamistischer Terroristen in jeglicher Form und bekennt sich im Interview durch

---

226 McFadyen/Dunn, 2008, Min. 62,49-63,03

einen Aufnäher, der ein durchgestrichenes Hakenkreuz
zeigt, ganz offensichtlich zu einer antifaschistischen
Gesinnung. Bezüglich seines Liedes *Destroying
Zionism* hat er jedoch kein Problem damit, von einem
System zu sprechen, „das von den Juden" komme, um
damit dem gesamten jüdischen Staat das Existenzrecht
abzusprechen.[227]

Die zu Anfang genannte Äußerung Dunns bezieht sich
auf dieses Interview, welches auch den Bereichen der
vorangegangenen Kapiteln hätte zugeordnet werden
können, da es sowohl der religiösen Sozialisation als
auch den politischen Konflikten des Nahen und
Mittleren Ostens zugeordnet werden könnte. Dennoch
habe ich mich entschieden, es hier zu nennen, da sich
die Äußerungen weitläufig mit weiteren Ereignissen, die
hier genannt werden, treffen.

Die Nähe und die Gratwanderung zwischen
anerkanntem und legitim wirkenden Patriotismus im
Sinne der im vorangegangenen Kapitel beschriebenen
Heimatverbundenheit einerseits und chauvinistischem
Nationalismus andererseits, wird am Beispiel des
Kultursoziologen Henning Eichberg deutlich, dem Peter
Glotz eine „eindeutig rechtsradikale Vergangenheit"

---

227 ebd., Min.58,40-59,59 „Dieses System ist nicht gut, da es
das Ziel hat, muslimische Menschen zu töten. Zionisten
müssen zerstört werden.Von ihnen sollte es keine mehr
geben.Wenn nötig, muss Israel von der Weltkarte
ausradiert werden." Auf Nachfrage relativiert er, man sei
nicht gegen „jüdische Menschen, sondern nur gegen ihr
System".

bescheinigt.[228] Dieser setzt dem „Universalismus", der von „Großreichen", wie den USA, der UdSSR aber auch von der damaligen EG ausgehe, den Sezessionsbestrebungen nationaler Gruppierungen in ganz Europa entgegen, um aus der Existenz übergeordneter politischer Systeme per se eine Unterdrückung und Vernichtung regionaler Kulturen abzuleiten, die die Idee eines Europas der Vaterländer ignoriere.[229]

---

228 Glotz, 1989, S.137
229 Vergleiche: Glotz, 1989, S.137,f.

5.1 Satan statt Jesus? - Odin statt Jesus ? oder Odin statt Satan?

5.1.1 Ursprünge des NSBM (Nationalsozialistischer Blackmetal)

Obwohl die Ereignisse um Varg Vikernes, Burzum u.a. in den frühen 90ern in Norwegen nicht zentraler Fokus dieses Buches sein sollen, so müssen die Ereignisse zumindest kurz und teilweise in Zitaten angerissen werden, um diesen Kontext als einen Mosaikstein unter vielen in den Gesamtgedanken dieses Buches einzuordnen. Grundlage der Betrachtung sind die Äußerungen, die von den „Hauptprotagonisten" der Ereignisse in „Metal – a Headbangers Journey" und „Until the light takes us" (siehe jeweils Quellenverzeichnis) selbst gegeben werden. Obwohl Dornbusch/Killguss in ihrem Standartwerk „Unheilige Allianzen" die NSBM-Szene sehr viel genauer unter die Lupe nehmen, möchte ich hier nur die Zitate der genannten Quellen als Aufhänger nehmen, um den schmalen Grat zwischen nordischem Metal als Jugendkultur einerseits und als Trägermedium für faschistische Infiltrationsversuche andererseits nachzuvollziehen.

Rolf Rasmussen, Vikar an der Asane-Gemeinde in Bergen/Norwegen, deren Kirche einem Brandanschlag durch die Gruppe um Varg Vikernes zum Opfer fiel, beurteilte die Ereignisse folgendermaßen: „Lately, there has been, a small trend, by some people to see christianity and any other established religion as the bad guy and satan as the liberator; the one who can really turn you into the powerfull strong path, that you should lead."[230]

(Deutscher Untertitel: In letzter Zeit gibt es einen kleinen Trend, das Christentum und andere große Religionen als Bösewicht zu sehen und Satan als Befreier, der einen auf den kraftvollen Pfad führt, den man einschlagen sollte.)

Auf der einen Seite erkennt Rasmussen den Kern des Konfliktes, indem er auf den Trend verweist, dass den etablierten Religionen (und in der westlichen Welt im Regelfall dem Christentum) eine Ideologie entgegensteht, die auf Stärke verweisend die persönliche Freiheit des Einzelnen in den Mittelpunkt stellt. Obwohl dies sowohl eine vereinfachte Darstellung der Crowley'schen Philosophie als auch eine Ablehnung der christlich-jüdischen Moral zugunsten eines Naturrechts bedeuten könnte, wird möglicherweise dieser historisch-politische Kontext der Anschläge durch Rasmussen nicht erkannt, oder er scheut die eindeutigen Worte und beschränkt sich auf Umschreibungen wie „elitists religion" „for the best,

---

230 Dunn/McFadyen, 2005, Min. 73,02 ff.

for the strongest, for the most succesful. It´s not for the
timidly or the weak".[231] (Deutscher Untertitel: Sie ist nur
für die Besten da. Für die Stärksten. Die
Erfolgreichsten. Sie ist nichts für Ängstliche und
Schwache.)
Varg Vikernes greift alte (Jahrhunderte alte) Klischees
auf, um die nordische Götterwelt – wie im
Vorangegangenen durch Vikar Rasmussen geschilderten
Eindruck – in die Opferrolle hineinzuinterpretieren:
„Everybody can relate to Odin and Thor and Freya in
Norway, because it´s our religion. We are not christian.
Christianity is a jewish religion. Christianity was
originally a jewish sect. Baptism is all about a symbolic
ritual murder of the non-jewish, of the gentile. They
murdered the gentile child and then they called the
jewish name, this is to replace the pagan soul."[232]
(Deutscher Untertitel: Jeder hat eine Beziehung zu
Odin, Thor und Freya, denn es ist unsere Religion. Wir
sind keine Christen, Christentum ist eine jüdische
Religion. Es war anfangs eine jüdische Sekte. Die Taufe
ist ein symbolischer Ritualmord an allem
nichtjüdischen. Sie töten das nichtjüdische Kind und
rufen einen jüdischen Namen, der die heidnische Seele
ersetzt.)
Dabei wird einerseits der beliebte Aspekt
„Volkszugehörigkeit" als ethnische Voraussetzung für
die Religionszugehörigkeit herausgestellt, andererseits
wird der Akt der Taufe, die als Aufnahme in die

---

231 ebd., Min. 75,00
232 Aites/Ewell, 2008, Min. 38,56-39,19

christliche Gemeinschaft gilt, gezielt als Tötungsdelikt formuliert. Obwohl die belegbaren Fragmente, aus denen Vikernes seine Wahrheiten strickt, in sich keinen Anlass bieten, faschistische Tendenzen zu vermuten, so könnte der zitierte Satz böswillig (und das bin ich manchmal!) verkürzt werden in die Aussage „Juden töten norwegische Kinder". So gelesen wird ein Vorurteil aufgegriffen, dessen christlicher antisemitischer Ursprung bereits im vierzehnten Jahrhundert nachweisbar ist.[233] Die Urversion taucht sogar wiederum als antichristliche Propaganda bereits im ersten Jahrhundert auf.[234] Beiden Vorwürfen liegt der gemeinsame Ursprung der christlich-jüdischen Kultur zugrunde. Hat das Judentum als eine der ersten Religionen das Menschenopfer kategorisch abgelehnt, um im Tieropfer – besonders zum Pessach-Fest, bei dem gemäß der Exodus-Geschichte Jungtiere geschlachtet werden, um mit dessen Blut die Religionszugehörigkeit zu erklären[235] – Gott zu huldigen, so hat das Christentum, quasi als Steigerung des Judentums, das rituelle Tieropfer zu einem symbolhaften Opfermahl mit Brot und Wein (das Fleisch und Blut des „stellvertretenden Opferlamms" Jesus Christus darstellt) noch weiter verknappt. Da die Symbolik jeweils auf „Blut" basiert, wurden nie Mühen gescheut, diese entsprechend blutrünstig auszulegen. Sahen sich die frühen Christen dem Vorwurf

---

233 Janette Otto in Schule.Judentum.de
234 Dorninger in „uni-salzburg.at", S.3f.
235 Exodus, 12,7

ausgeliefert, in ihrem Opfermahl Menschenblut zu verwenden, so hindert er diese nicht, bereits ab dem fünften Jahrhundert den gleichen Vorwurf wiederum auf das Judentum umzumünzen. Auf diese über Jahrhunderte gewachsene und „vorhandene[...] Negativ-Tradition" des Ritualmordes konnte die Propaganda der Nazi-Ära dankbar zurückgreifen.[236] Verknüpft mit der christlichen Vorstellung, dass durch die Taufe der Mensch als neuer Mensch geboren würde (und der „alte" Mensch somit nicht mehr lebt), verkürzt Vikernes den Gedanken – gemäß seiner Ideologie – dass das heidnische Kind bei der Taufe getötet würde, um Babymord und semitisch-/jüdisch geprägtes Christentum miteinander zu verknüpfen. Dass die (durchaus richtige) Bezeichnung „jüdische Sekte" für das Christentum in Vikernes Tonfall sehr wohl wie eine Beleidigung klingen soll, ist dabei nur noch eine Randnotiz. Deutlich weniger subtil ist da Jörn Tunsberg, der den bereits gewonnenen Eindruck durch sein martialisches Schlussstatement „We have given them a fist in the face"[237] (Deutscher Untertitel: Wir haben ihnen die Faust ins Gesicht geschlagen.) unterstreicht. Bezüglich der geschilderten Brandstiftungen, des lediglich am Rande bemerkten Mordes und weiterer nicht bei Dunn/McFadyen (2005) geschilderter Delikte, schließt Sam Dunn seinen Norwegenexkurs mit der (vermutlich wahren) Feststellung, dass hier eine Steigerung der musikalischen Extreme zu

---

236 Dorninger, in „uni-salzburg.at", S.3f.
237 Dunn/McFadyen, 2005, Min. 75,20

unerwünschten Auswüchsen geführt habe, die „weniger über die Metalszene" aussagten. Dass es vielmehr um „kulturelle norwegische Empfindlichkeiten" ginge, ist in meinen Augen eine fast zynische Verharmlosung dessen, was hier als geistiger Hintergrund der Morde aufgeführt wird.[238]

Gaahl (Ex-Gorgoroth) setzt Satan mit „Freiheit" gleich.[239] Dass er Satanismus jedoch nicht im Alice-Cooper´schen Sinn als Halloween-Show auf einem religiösen Jahrmarkt belässt, sondern als politisch-moralische Größe versteht, folgt in seinen nachfolgenden Aussagen, bei denen es ihm nicht ausreicht, Satan (auf den er in der Szene ein Glas Rotwein hebt) dem Christentum entgegenzustellen. Vielmehr hat er darüber hinausgehend das Bedürfnis, die semitischen Wurzeln des Christentums um jeden Preis in die Ausführungen einzubauen, wodurch die Äußerung nicht mehr als unpolitisch abgetan werden kann: „We have to remove every trace from what christianity and the semitic roots have to offer this world. Satanism is freedom for the individuel to grow to become a superman. Every man,who is born to be king, becomes king. " (Deutscher Untertitel: Wir müssen alle Spuren auslöschen, die das Christentum und seine semitischen Wurzeln dieser Welt zu bieten haben. Satanismus ist die Freiheit für den Einzelnen ein Supermensch zu werden. Wer dazu geboren ist, ein König zu werden, wird König.)

---

238 ebd., Min. 76,10
239 ebd., Min. 73,51

Unabhängig davon, ob man im Untertitel „Superman"
unübersetzt lässt, gemäß der Nietzscheschen Deutung
des Übermenschen oder passenderweise durch
„Herrenmensch" ersetzt, wird die vorbestimmte Rolle
des (in Verbindung mit dem unmittelbar zuvor gesagten
offensichtlich gemeinten) nicht-semitischen Menschen
als Herrscher und Herrenmenschen deutlich. Auch auf
die Gefahr hin, von Nietzsche-Jüngern vorgeworfen zu
bekommen, dass eine Reduzierung Nietzsches auf
dieses Menschenbild erst ermögliche, dass seine Lehre
durch selbsternannte „Herrenmenschen" missbraucht
werden könne,[240] so liegt (in diesem Punkt) diese
Parallelität doch nahe genug, um – wenn man eines
zusätzlichen philosophischen Beleges für die eigene
Ideologie bedarf – zwangsläufig von Nietzsches
Ablehnung des „Herdenmenschen" und
„lebensschwachen Untermenschen" zugunsten des
„Übermenschen",[241] der durch Ablehnung der ethischen
Grundsätze der vorherrschenden (christlichen) Religion
überwunden hat, die nationalsozialistische Rassen-
Ideologie genauso mitzudenken wie auch sonstiges
„unverdächtiges" satanistisches Gedankengut. Bei
Nietzsche wird über Freuds Lehre von Gleichgewicht
zwischen „Es" und „Überich" hinausgegangen und

---

240 Manuel Trummer spricht in diesem Zusammenhang von
    einer „Vulgärrezeption Friedrich Nietzsches", betont aber
    dabei, dass „das unappetitliche Elitegehabe, das in
    verschiedenen satanischen Lehren bereits verankert [sei],
    faschistische Tendenzen" begünstige. (Trummer, 2011,
    S.69)
241 Siehe u.a. auch Ulfig, 2003, S.432

jedwede übergeordnete (christliche) Moralvorstellung
als „Sklavenmoral" abgetan, die es zu überwinden gelte.
Der bereits zuvor zitierte Theologe Haack bezeichnet
demnach „Satan" auch als „ein nach dem Bilde des
ethisch nicht gebändigten Menschen geschaffenes
Bild".[242] Dietrich Schwanitz schrieb vorsichtig über
Nietzsches Weltbild, dass es mit den genannten
Schlagworten „und dem Lob der blonden Bestie die
Nazis und Hitler inspiriert" habe, möglicherweise, eben
diese auch als „Spießer"[243] verachtet haben könnte.
Wohl unbewusst an Alice Cooper angelehnt bezeichnet
er ihn aber bereits in seinen einleitenden Worten als den
„Schocker unter den Philosophen"[244], weshalb er gerade
wegen der Widersprüche, die er erregt, bestens im
Bereich Metal aufgehoben zu sein scheint.
Die geschilderten Vorfälle in Norwegen zeigen nun
deutlich die Richtung auf, die diese Denkweise
ausgehend von der Metalszene auf verselbständigte
Weise weiterging. War Satan ursprünglich das
Gegenstück zur christlichen Moral, so wurde einerseits
das Symbol „Satan" durch seinen Ursprung im
Christentum als Negationsinstrument vorherrschender
Moralinstanzen zu schwach und musste deshalb
zugunsten von Odin abdanken. Odin (und mit ihm alle
langhaarigen Wikingerhorden des hohen Nordens)
übernahmen schnell musikalisch die Macht im
Metalreich, wobei sich aufgrund des neuen „Symbols"

---

242 Haack, 1975, S.39
243 Schwanitz, 1999, S.439f
244 ebd.

auch das Feindbild änderte. Angriffsfläche Nummer 1
war nun nicht mehr nur das Christentum, sondern
ausgehend vom neuen „nordischen" Selbstbewusstsein
der Szene (das neben einer Geisteshaltung zumindest
rudimentär auch einen lokalen und/oder ethnischen
Anknüpfungspunkt bot) gleich alle Wurzeln des
Christentums (wobei das Judentum explizit nicht
ausgenommen wird). Für Manuel Trummer sei
„Satanismus ausgelutscht" gewesen, weshalb „ein neues
Extrem geschaffen" werden musste, „das sich für Teile
der Szene in radikalen politischen Positionen fand".[245]
Varg Vikernes zieht die Grenze klar zwischen dem, was
er die „Bewegung" nennt und den „hirnlosen"
Metalheads. Hier wird deutlich, dass seine Ziele sich
zwar aus dem musikalischen Umfeld ergeben, sich aber
über dieses hinaus verselbstständigt hatten. Das
angeblich von seinem damaligen Mitstreiter
Euronym[o]us ausschließlich gepflegte „Image"
(welches durch den Begriff „Metalmafia" an das
Gangster-Image der Hip-Hop-Szene erinnert) hielt er für
unzureichend und quasi „untrue" ohne *reale*
Handlungen. Ein von Varg Vikernes und Jan Axel
Blomberg unabhängig voneinander geschilderte Dialog
zwischen Varg Vikernes und Euronym[o]us wirkt wie

---

245 Trummer, 2011, S.70 – Er fährt fort: „´Satanische
   Übermenschen´ haben sich in edle Germanen verwandelt,
   die den fremden südlichen Glauben aus der Heimat ihrer
   Ahnen vertreiben wollen. Gerade diese problematische
   Nähe zu Blut-und-Boden-Apartheit-Modellen […] macht
   die neuheidnischen Metalszenen zu einem Einfallstor für
   politische Extrempositionen.

die Forderung einer Mutprobe unter Kindern, stellt aber
die Wandlung der „böse" spielenden Musikern zu
vermeintlich politisch motiviert handelnden Tätern
detailliert nach.[246] Die dabei von Vikernes vollzogene
Trennung vom musikalischen Ursprung wird in
folgender Passage deutlich:

„I was frustrated, when I realised, that this movement
was [you know] still the same bunch of braindead
metalheads. And I wanted to do something about it. So I
tried to force them into taking an other stand by giving
an interview to a newspaper. I told them, that we were
behind the churchburnings and all this, I told them I
could tell´em that, ´cos I have not done anything ..."[247]
(Deutscher Untertitel: Ich war frustriert, als ich
bemerkte, dass die Bewegung noch immer aus dem
gleichen Haufen hirnloser Metalheads bestand. Ich
wollte das ändern. Ich wollte sie zwingen Position zu
beziehen und gab ein Zeitungsinterview. Ich sagte
Ihnen, dass wir die Kirchen angezündet hatten. Ich
sagte, ich könne es ihnen erzählen, weil ich nichts getan
hatte.)
Der „Satan" spielte ab hier für Vikernes nicht mehr die
zu den begangenen Straftaten motivierende Rolle,
vielmehr wird ein Kontakt zu jeglicher Form des
Satanismus in dieser Phase der Ereignisse gänzlich
abgestritten. Das, was Vikernes hier aber als noch
immer existierende „Bewegung", die hinter den

---

246 Aites/Ewell, 2008, Min. 51,03-52,23
247 ebd., Min. 52,33-53,01

geschilderten Brandstiftungen steht, bezeichnet, hat von diesem Zeitpunkt an einen Wandel im Charakter vollzogen, welcher sich gänzlich vom religiösen Motiv losgelöst hat und in politischer Motivation begründet liegt. Lustigerweise benutzt der Black-Metal-Wegbereiter Vikernes hier die religiös/satanisch anmutende Beschreibung „Verteufelung" („Demonization") als negatives Prädikat:

"It didn´t turn out the way I want it to be, but it sure changed a lot. The story to pretend a satanic movement, a conspiracy in sociaty, that the people, who burned the churches were real satanists, who planned to spread evil and all this crap, but when I was out of prison there was nothing I could do. I told them, this has nothing to do with satanism, and they never paid any attention to what I said. Even Aarseth was never a satanist, nobody was satanist. But this was all about demonizing a movement, they wanted us to be satanists."[248]

(Deutscher Untertitel: Es entwickelte sich nicht so, wie es sollte, aber es bewirkte was. Sie sprachen von einer satanischen Bewegung, einer Verschwörung. Dass Satanisten die Kirchen anzündeten, die Böses im Sinn hatten. Als ich aus dem Gefängnis kam, konnte ich nichts dagegen tun. Ich sagte, das hat nichts mit Satanismus zu tun. Aber sie hörten nicht auf mich. Nicht einmal Aarseth war ein Satanist. Keiner von uns. Aber es ging um die Verteufelung der Bewegung. Wir sollten Satanisten sein.)

---

248 ebd., Min. 56,24-57,00

5.1.2 Die Etablierung national-völkischer Elemente in der modernen Gesellschaft

Abseits dumpfer Provokation und der kommerziellen Ausschlachtung einer politischen und gesellschaftlichen Erscheinung einerseits und den spektakulären Gewalttaten im Norwegen der frühen 90er Jahre andererseits, möchte ich dennoch auf die Parallelen hinweisen, die Teile der Metalkultur und die rechte Szene in Deutschland aufweisen. Die NPD als (wiedererstandenes) Sammelbecken der Rechten in Deutschland hat sich nach dem misslungenen Schmusekurs mit der CDU gegen die Brandt´sche Ostpolitik zu einer strikten Ablehnung des Christentums zu Gunsten einer germanisch-heidnischen Brauchtumspflege durchgerungen.[249] Jegliche Gewalt wird – teilweise mit Rückgriff auf die Lehren des Natur-/Verhaltensforschers Konrad Lorenz – „mit einem Anstrich des Zwangsläufigen" versehen, sodass in der Schlussfolge heidnische Naturliebe in einer

---

249 Staud, 2006, S.69 (Micha Brumlik stellt zwar 1992 fest, dass die Rechte „Religion und andere[...] Formen des Traditionalismus" ablehne (Jansen u.a., 1992, S.9), dies schätze ich jedoch als eine Momentaufnahme während der kultisch-religiösen Umorientierung der Szene ein. Ebenso sehe ich im NPD-Slogan „Maria statt Scharia", der zu allen Wahlen als zeitloser Plakat-Evergreen hervorgekramt wird, keine Rückbesinnung auf die Ausrichtung in den 1970ern.)

Ablehnung jeglicher „unnatürlicher" nicht-hierarchischer Ordnung münden soll. In diesen Gedankengang integriert ist die Grundauffassung, dass jegliche, das Naturrecht überwindende Geistesströmungen – und hier werden je nach Strömung, die Französische Revolution bis hin zu der ersten Phase der Christianisierung heidnischer Landstriche angeführt – unnatürlich und damit abzulehnen seien.[250] In Folge dieser Entwicklung resultiert eine Abwendung der NPD von „abendländisch-christlich" (Parteiprogramm 1967) hin zur „deutschen und germanischen Kultur" (Satzung 2002) und das Christentum wird als historischer Feind des „Volkes" ausfindig gemacht. Das hätte als Tatsache für den Inhalt dieses Buches keiner Auswirkung, hätte Toralf Staud nicht in Partei-eigenen Verlagen und Versänden nicht eine Devotionaliensammlung gefunden, die auch auf jedem Pagan-Metal-Konzert eine breite Kundschaft gefunden hätte.[251] Teil der dargebotenen Literatur thematisiert den „Vernichtungsfeldzug" des Christentums gegen die „ursprünglichen" Kulturen.

Beispielhaft für die Pflege dieser Opferrhetorik muss auf die nationalsozialistische Kultstätte „Sachsenhain" in Verden hingewiesen werden. NS-Chef-Ideologe

---

250 ebd., S.81

251 ebd., S.97f. - Das antichristliche Element wird gerne mit der Umschreibung „Judäo-Christentum" unterstrichen, um den Aspekt der Religion dem der rassischen Zugehörigkeit unterzuordnen.

Rosenberg selbst ließ die Kultstätte, der ursprünglich diverse NS-Einrichtungen angegliedert waren, errichten (dass dabei fast alle norddeutschen Steingräber vernichtet wurden, ist lediglich ein marginaler Aspekt)[252], die an die von Karl dem Großen getöteten heidnischen Sachsen im 8. Jahrhundert erinnern sollen. Mit wie viel Inbrunst sich die Heiden-Communio auf die Geschichte als auch auf die Kultstätte wirft, wird beispielhaft im „pagan-forum.de" sichtbar, wo besonders die Rolle Herzog Widukinds als mutmaßlich „ungetaufter" Held eine große Rolle spielt.[253] Während im „pagan-forum" noch mehr oder minder fundiert

---

252 Dass der Landschaftsgärtner Wilhelm Hübotter, dem die ersten Entwürfe des Sachsenhains zugeschrieben werden, nach dem Krieg beauftragt wurde, die Gedenkstätte Bergen-Belsen zu gestalten, soll hier auch nur am Rande erwähnt werden.

253 http://www.pagan-forum.de/Thema-Sachsenmord-und-Sachsenhain-in-Verden, Zugriff am 29.09.2011 (beachtenswert bei der Datumsangabe ist der Verzicht auf die Verwendung der nachchristlichen Zeitrechnung. Während das pagan-forum.de 10000 Jahre der regulären Jahreszahl hinzufügen, so wird in der Internetplattform „asatru.de" die „übliche" Jahreszahl um die Zahl 1800 vergrößert, um die Jahreszahl „n.S." (nach Stonehenge) anzugeben!
Der vielfach verbreitete Podcast des NDR-Satire-Magazins Extra3 vom 21.09.2007, bei dem Extra3-"Reporterin" Olivia Jones den NPD-Parteitag in Hannover besucht, zeigt auch die Abgeordneten beim Singen des Niedersachsenliedes, dessen Zeile „Heil Herzog Widukinds Stamm" im Lichte der Gesamtbetrachtung besonders volkstümlich wirkt. (z.B. unter: http://www.youtube.com/watch?v=CGfpSi5ZZNI, Zugriff am 12.03.2012)

unter Menschen, die für sich das Heidentum beanspruchen, die unrühmliche Rolle des Christentums in der Geschichte Norddeutschlands diskutiert wird, lässt die „Nordische Zeitung" und „Stimme des *Art*glaubens" (!) „asatru.de" mit dem 2009 (christlicher Zeitrechnung!) verstorbenen Jürgen Rieger[254] gleich einen der prominentesten Neonazis unserer Breiten zu Wort kommen, um die (sicherlich blutigen) Ereignisse mit Begriffen wie „Massenmord", „Deportation" und „Vertreibung" zu beschreiben.[255]

Das Germanentum ist für viele Jugendliche gerade deshalb attraktiv, weil es „gleichzeitig faszinierend fremd und doch irgendwie etwas Eigenes"[256] habe, das sich „freihändig mit Inhalt" füllen ließe, da es „keine gesicherte Überlieferung seiner tatsächlichen Bedeutung"[257] gebe, wodurch sich die Rolle für die rechtsnationale Nachwuchswerbung automatisch ableiten ließe.

Wie weit diese Bemühungen mancherorts bereits in der zweiten Generation sind, zeigt das Beispiel der

---

254 Nach mir unbestätigten Angaben war Jürgen Rieger selbst Inhaber der Domain „asatru.de"

255 Martialische Begriffe als Teil der neofaschistischen Geschichtsumdeutung finden sich auch im Begriff „Bombenholocaust", den der NPD-Abgeordnete Jürgen Gansel 2005 im sächsischen Landtag benutzte, um die Bombardierung Dresdens mit der systematischen Judenvernichtung der NS-Diktatur gleichzustellen, um diese zu relativieren.

256 Staud, 2006, S.171

257 ebd.: Als Beispiel nennt der Autor das Symbol des Thors-Hammers, der sich als modisches Accessoire in großen Teilen der jüngeren Bevölkerung durchgesetzt habe.

armanisch/germanischen Szene im Mecklenburgischen
Ludwigslust und Umland, wo „heidnisch/arttypisches"
und mutmaßlich ökologisches Gedankengut erfolgreich
über Kindergärten, das Vereinswesen und die
Elternarbeit in den Schulen unter das Volk gebracht
werden.[258] Dabei sind weder die grobe Kleidung, die
Hirsemühle oder der nordische Name des Kindes per se
dem faschistischen Gedankengut zuzuordnen. Viel mehr
ist die Einnistung rechter Überzeugungen selbst unter
Schülern der gymnasialen Oberstufe als Erfolg der
Absicht „[d]ie Bereiche Bildung und Erziehung [nicht]
den Etablierten [zu] überlassen", wie es die NPD-
Zeitung „Deutsche Stimme" fordert.[259] Die
rechtsextreme „Gemeinschaft Deutscher Frauen" (GDF)
ist ein weiteres Fahrzeug der rechten Szene in die
unverdächtige Mitte unserer Gesellschaft. Astrig Geisler
und Christoph Schultheis bemerken im grün-alternativ
und sozialem Image, das die übliche Rassenideologie
transportiert, auch, dass von einzelnen Mitgliedern ganz
selbstverständlich statt christlicher Weihnacht „wie
einst die Nationalsozialisten" das Julfest der
Wintersonnenwende gefeiert würde.[260]
Fazit: Da wo Nazi ist oft auch Heide. (Ich sage
ausdrücklich nicht, dass da wo Heide auch immer Nazi
sei!)

---

258 Thiele, in „Die Zeit", 17.11.2011, S.4
259 Vergleiche: ebd.
260 Geisler, 2012, S.48

5.1.3 „Neuheidentum ist kein Faschismus" (?)

Dem Inhalt dieser – viele T-Shirts auf Festivals füllenden - These möchte ich nachgehen, um nicht den Eindruck aufkommen zu lassen, dass ich durch die vorangegangene Gliederung im Vorfeld bereits zwangsläufig auf die Schlussfolgerung hinarbeite, jegliche neu-heidnische bis paganmetallsiche Züge prinzipiell in einen Topf mit dem sog. „Dritten Reich" werfen zu wollen. Ich möchte jedoch vorwarnen, dass uns diese Phase der deutschen Geschichte auch hier begegnen wird. Vorher möchte ich jedoch aufbauend auf die These der Überschrift bezüglich dessen, was Neuheidentum nicht ist, zuerst einmal der Frage nachgehen, was sich eigentlich hinter diesem Begriff in der Neuzeit verbirgt.

Friedrich-Wilhelm Haack beobachtet bereits 1993 die unterschiedlichsten national-völkisch-neogermanischen Gruppierungen und stellte trotz unterschiedlichster Ausformungen und Bräuche stets die gemeinsame Grundlage fest, dass der Kern der Religion einerseits auf eine Zugehörigkeit durch die Herkunft und andererseits die hierarchische Anordnung dieser durch die Geburt festgelegten Gruppen beinhalte.[261] Dies ist nur zu verstehen, wenn man sich die Übergänge des christlich motivierten Antisemitismus hin zum ethnisch motivierten Antisemitismus vor Augen führt. War den frühen judenfeindlichen Exzessen in Europa die Idee

---

261 Haack, 1993, S.108

einer völkischen Überlegenheit fern und nur die
religiöse Abneigung in Einheit mit Sozialneid Motiv
genug für praktizierten Hass, so kam erst im Laufe des
vorletzten Jahrhunderts die neue „wissenschaftlich"
belegbare These der rassischen Überlegenheit auf.[262]
Wie zu Anfang geschildert, konnte diese neue Strömung
auf alte tradierte „Gewohnheiten" zurückgreifen, diese
neu begründen, auf „ursprüngliche" Quellen beziehen,
ohne dass sich daraus nachvollziehbare religiöse
Ordnungen ergeben mussten.

Spannend wird diese Entwicklung, wenn wir aufbauend
auf das im Vorangegangenen dargestellte den Wunsch,
martialische Formen der Selbstdarstellung mit
Ablehnung traditioneller Werte und selbstgeschaffener
Wertevorstellung miteinander verbinden. Als Beispiel
nennt der Autor hier Schaukampfgruppen wie „Wotans
Wikinger" und „Gylfiliten" mit Wehrsportgruppen und
sog. Armanen.[263]

<hr>

262 Vergleiche: ebd.
263 Vergleiche: ebd., S.111

5.2 Kontroverse und Konfrontation als notwendiges Muss einer funktionierenden Provokation

Prof. Dr. Werner Patzelt von der TU Dresden stellt die These auf, dass eine Rechte Gesinnung die letzte Möglichkeit junger Menschen sei, Opposition zum Zeitgeist auszudrücken. Während eine linke Haltung seit den 68ern traditionell die negative Haltung der Jugend gegen die Elterngeneration ausdrückte, so habe sich die Jugend-Gegenkultur den veränderten Grundvoraussetzungen anpassen müssen. Eine Elterngeneration, die selbst dem rot-grünen Spektrum entstammt, bringe eine Generation hervor, der als Oppositionsmöglichkeit nur der rechte Flügel übrig bleibe.[264] Jörg Eggeling interpretiert die Rolle des Rechtsrocks gar als eine „Hilfestellung", die sich auch in einer Art „Ventilfunktion" in Form von Gewalt äußert.[265]

Die Verbote diverser rechter Musikprodukte steigerten deren Attraktivität ebenso wie die Einstufung der Rechtsrockband „Landser" als kriminelle Vereinigung, was den „Reiz noch erhöht" und zum kommerziellen

---

264 Fromm, 2007, Min. 12,10ff
265 Eggeling, 2002, S.211f.

Erfolg, der sich in Sphären der Chartplazierungen befinde, beigetragen haben soll.[266] Darüber hinaus biete die öffentliche Stigmatisierung extremer und extremistischer Meinungen die Chance, durch die Annahme einer Opfermentalität Sympathien in angrenzenden gesellschaftlichen Spektren zu erhalten. Als Beispiel dienen hier die bundesrepublikanischen Berufsverbote[267], deren Bekämpfung eine Solidarisierung lupenrein demokratischer „Repräsentanten der Sozialdemokratie"[268] mit betonierten marxistisch/leninistischen Köpfen mit sich brachte.

Kurz-Exkurs: Slayer - Angel of Death:

Nur wenige Lieder aus den Reihen der erfolgreichen Extrem-Metal-Bands sind so umstritten wie „Angel of Death" von Slayer, das 1986 auf „Reign in Blood" erschien. Eine Band, die mit extremen Texten, extremer musikalischer Härte über Jahrzehnte auf gleichem hohem Niveau neue und alte Fans begeistert, hat unter ihren Titeln diesen einen, der vom Wortlaut gut in die

---

266 Staud, 2006, S.165

267 Wenn in diesem Buch schon das Stichwort „Berufsverbot" fällt, sollte Thomas Gurrath von „Debauchery" (die meines Erachtens aber rein gar nichts mit der rechten Szene zu tun haben!) zumindest erwähnt werden. Gurrath erhielt nach seinem erfolgreichen Lehramtsstudium vom Land Baden-Württemberg ein Berufsverbot auferlegt, sollte er sich nicht von der vom ihm praktizierten Musik distanzieren.
Mehr u.a. unter: Peter Novak, 2010

268 Backes/Jesse, 1996, S.482

*Reihe der anderen Lieder integriert wirkt. Allerdings
wird dort keine Horrorphantasie, sondern der reale
Horror durch den KZ-Arzt Josef Mengele beschrieben.
In gewohnt klarer und detailverliebter Sprache, werden
die sadistischen Praktiken genannt, jedoch ohne diese
explizit zu verurteilen, was der Band den Vorwurf
einbrachte, mit den Nazis zu sympathisieren.[269]
Produzent Maor Appelbaum schließt sich dieser Kritik
zumindest teilweise an: „I think this song is the most
controversal song in the history of metal. And I won´t
lie to you, it also disturbed me, because my father was
in the holocaust. But I don´t look at it in a negative way.
[...] I don´t take it personally.“[270] In den Kreisen auch
ihrer israelischen Musikerkollegen wurde dieser
Vorwurf kaum geteilt. Während Kobi Farhi einfach
keinen Hinweis für eine rechte Gesinnung sieht,[271] sieht
Yotam Avni von Abed in dem Lied sogar eine mahnende
Äußerung gegen die Verbrechen des sogenannten
„Dritten Reichs“[272] und für Nir Nakav von Salem
besteht in dem Lied sogar die Möglichkeit, der Jugend*

---

269 Wie bereits in Kapitel 3.2 genannt, brachten dies bereits
   KISS durch die Nutzung der SS-Runen im Bandschriftzug
   fertig, ohne dass bei den Kritikern bedacht wurde, dass
   Teile der Band oder ihres Umfeldes jüdisch oder
   anderweitig gänzlich „unarisch“ waren.
270 McFadyen/Dunn, 2008, Min. 68,26-48
271 ebd., Min. 68,22: „I don´t think, they are a Nazi-Band“
272 ebd., Min. 68,48-69,09: „[They were] against the
   holocaust, if they were for it, they would deny it“„It´s a
   Monument of the Horror, that shouldn´t be repeated“

den Holocaust näher zu bringen, weshalb man sich dazu entschied das Lied zu covern.[273]

Um bezüglich der Bewertung Slayers noch mehr Verwirrung zu stiften (alles andere ist hier nicht nur falsch, sondern unmöglich!), sei erwähnt, dass es sich in diesen Tagen ausgerechnet im erzkatholischen und unter Weltkrieg und Naziherrschaft besonders gelittenen Polen ereignete, dass einem Kreisverkehr im Städtchen Jaworzn für ein Jahr der Namen des kürzlich verstorbenen Slayergitarristen Jeff Hannemann verliehen wurde.[274]

Dass innerhalb der Szene nicht überall die gleiche einträchtige Bewertung der Vergangenheit vorgenommen wurde, sei der Vollständigkeit halber anhand einer Anekdote der über uns bereits bekannten braunen Schafe erwähnt:

„It was 90, Salem was just after releasing their live-Demo called `Millions Slaughtered`. It was time of the tape-trading and norwegian black-metal szene just started. That's how Grishnackh[275] heard us, the title-song `Millions slaughtered` talks about the Holocaust. [...] He wrote us back, that the music was great, but the lyrics are stupid, you know, it's too bad, that Hitler didn't finish the job, that he started, and – it was just before the gulf-war – may Saddam finish you up [...]

---

273 ebd., Min. 67,20ff

274 Zu bestaunen ist der „Jeff-Hannemann's-Circle Pit" unter: http://centrumdruku3d.pl/rondo-im-jeffa-hannemana-gdzie-w-jaworznie/

275 „Count Grishnackh" ist der Künstlername des Burzum-Gründers Kristian „Varg" Vikernes.

obviously we were getting angrier, so he got a very angry reply [...] and about a couple of months later the police knocked on the lead-singers door, and goes: `who hates you in Norway? `you just got a bomb in a mail"[276] *(Deutscher Untertitel: „Es war 1990. Salem hat gerade ein live-Demo herausgebracht. `MillionsSlaughtered`. Zu der Zeit tauschten alle Kassetten und die norwegische Black-Metal-Szene entstand. Dadurch hat Grishnackh uns gehört. Der Titelsong `Millions Slaughtered` handelt vom Holocaust. Also hat er uns geschrieben, dass die Musik großartig, aber der Text echt schlecht war. `Es ist schade, dass Hitler die Arbeit nicht beendet hat, die er begonnen hatte.` Und es war direkt vorm Golf-Krieg. `Hoffentlich gibt Saddam euch den Rest.` [...] Also wurden wir verständlicherweise echt sauer. Er bekam eine echt wütende Antwort. [...] Und ungefähr zwei Monate später klopfte die Polizei an der Tür unseres Sängers an und fragte: `Wer hasst dich in Norwegen? Wir haben gerade eine Briefbombe gefunden.`")*

Geht es bei rechter Musik und bei rechtem Gedankengut in, auf dem ersten Blick, unpolitischer Musik nur um Provokation, oder wird eine Musikszene, die für viele von außen betrachtet noch als unpolitisch wahrgenommen wird, bereits als ein zusätzliches Aufmarschgebiet der Naziszene missbraucht, ohne dass

____

276 McFadyen/Dunn, 2008, Min. 69,58-71,02

dies durch ein Gros der Rezipienten als solches erkannt wird?

Das Image der Ursprünglichkeit und der Naturverbundenheit, welches sich in der Ästhetik vieler (besonders nordischer) Metalbands findet, könnte als Gegenpol zur globalisierten Einheitsgesellschaft verstanden werden.[277] In Zusammenhang mit NSDAP-Schriften, in denen von der „Kriegerrasse" gesprochen wird, die „als Jäger, dann als Hirte[...] und Bauer[...] mit der Natur um die Bodenschätze ringt", um auch (im Notfall) „zum Schwerte" zu greifen,[278] sehe ich zumindest die Möglichkeit, gezielt Verbindungen zwischen unzufriedenen Jugendlichen und der NS-Ideologie gezielt vorzubereiten.

Prof. Dr. Hans-Gerd Jaschke bemerkt (bezüglich des neuen offensiven Auftretens der NPD, welches er in der jüngeren Vergangenheit eher in der Nähe der NSDAP sieht), dass das NS-Stigma in der deutschen Öffentlichkeit nicht mehr existiere.[279] Das würde das Moment der Provokation zumindest in Frage stellen. Ein Fan einer vorgestellten NS-Hate-Core-Band geht sogar so weit, Faschismus als mögliches Weltbild gänzlich von der Vergangenheit loszulösen,[280] um den

---

277 Jan Leichsenring in Nohr/Schwaab, 2011, S.297
278 Walther Hofer (Hrsg.) zitiert in Buchners Kolleg Geschichte, 1992, S.126
279 Fromm, 2007, Min. 3,03 ff
280 ebd., 11,10ff. - Der Verweis des Autors, dass einige der Musiker als auch der Fans Gymnasiasten seien, lässt dieses fehlende Verständnis der Vergangenheit noch nachdenklicher stimmen. Diese Beobachtung deckt sich mit meiner Feststellung, dass es vermehrt Schüler auf dem

„nonkonformistischen" Geist der Hard-Core-Bewegung auf die heutige Situation umzudeuten.[281]

Jede Provokation, die als solche ihre Wirkung zeigte, wurde von der Gesellschaft, der sie sich entgegenstellte, irgendwann absorbiert und aufgegriffen, um sie kommerziell zu nutzen. Dieses Phänomen wurde bereits im Kapitel „Von der Notwendigkeit ab und zu ein schwarzes Schaf sein zu wollen" geschildert.[282] Trifft dies auch auf rechte Provokationen im Metal zu? Rechtsrock jeglicher Couleur ist ein Wirtschaftszweig mit erheblichen Umsätzen, das steht außer Frage.[283]

Gymnasium gibt, die Schwierigkeiten haben, die Unrechtssysteme „DDR" und „Drittes Reich" sauber auseinanderzuhalten.

281 ebd.

282 Darüber hinaus wird die These des Abgrenzungscharakters im Sinne des „freiwilligen schwarzen Schafes" durch die bei Backes/Jesse [1996, S.127] geschilderten Beobachtung unterstrichen, dass im Jahr 1991, in dem ein neuer Hochstand rechtsextremer Gewalttaten beobachtet wurde, die Haupttätergruppe (70%) unter 20 Jahre alt gewesen sei, während nur ein verschwindend kleiner Teil der Täterschaft ein Alter über 30 Jahre gehabt habe.

283 Hatte der sog. „Patriotentreff" (wenn ich mich recht entsinne) in einem Nachbardorf meines Heimatstädtchens noch überregionale Bedeutung für den faschistischen Devotionalienhandel, dass ihm der WDR 2001 sogar eine Doku mit dem Titel „Deutschlands braune Mitte" widmete, so stellt Rainer Fromm eine Steigerung der Online-Versände von 50% in 2 Jahren fest. (Fromm, 2007, Min. 9,45ff.)

6. Fazit

Stärke- und Allmachtsphantasien begeistern uns seit unserer frühsten Kindheit; ob die Kraft einer Pippi Langstrumpf, die Wünsche erfüllende Frechheit eines Sams oder das anarchistische Lebensmodell des Karlssons vom Dach. Ihren Ursprung haben all diese populären Figuren im Bedürfnis, dem erwachsenen Establishment etwas entgegenzusetzen. Eine mögliche Fortsetzung findet sich in der Musik, auch in der hier geschilderten. Dies ist besonders in der Abgrenzungsfunktion zur Erwachsenenkultur wichtig, wenn sie als sinnstiftende Jugend- oder Subkultur zur Charakterbildung des Adoleszenten beitragen kann. Diese wird – auch in einer mehr und mehr säkularisierten Welt – noch immer mit einem christlichen Über-Ich gleichgesetzt, dem schon quasi traditionell der bibelinterne Widersacher „Satan" entgegengesetzt wird.

Dass diese Ablehnung des Christentums nicht immer einhergeht mit der Ablehnung aller monotheistischer Religionen, denen – obwohl man es in der zwischenmenschlichen Praxis ihrer Angehörigen nicht immer bemerkt – grob ein ähnliches Gottesbild und eine gemeinsame Entstehungsgeschichte gemein ist, zeigt das schon drollig anmutende Beispiel der norwegischen Band TAAKE, die nach negativer Presse in der arabischen Welt alle islamfeindlichen Äußerungen zurückgezogen hat.[284] Der humorvolle Bericht (leider ohne Autorennennung) bringt die ganze Thematik folgendermaßen auf den Punkt: „Gegen Christen zu hetzen gehört […] bekanntlich zum guten Ton und ist für gewöhnlich so gefährlich und verwegen, wie im Stehen zu pinkeln.“[285] Und trotzdem üben die angeblich propagierten Werte (oder auch Nicht-Werte) einen unglaublichen Reiz innerhalb der Metal-Kultur auf deren Jünger jeden Alters aus.[286]

Satanismus wird oft als Befreiung von äußeren Zwängen und als Durchsetzung der eigenen Wünsche ausgelegt. Teilweise endet diese Befreiung jedoch notwendigerweise wiederum in einer Art „religiösen Atheismus“, der neben dem Wunsch, sich von den Zwängen des Mainstreams zu befreien auch den Wunsch nach Spiritualität bedienen muss.

Crowleys „Tue was du willst“ als Maxime des Handelns einerseits verliert den Reiz, wenn er als „Satanismus“ deklariert unfreiwillig Teil der christlich /(jüdischen) Gedankenwelt wird und zur Abgrenzung nicht mehr ausreicht.

Nordische Götter bieten dagegen eine Projektionsfläche, die einerseits ebenfalls auf Ablehnung des Christentums

---

284 Rockhard 298, März 2012, S.7
285 ebd.
286 Dornbusch/Killguss, 2005, S.223: Elie Berdugo, Betreiber
    des Labels „Ordealis Records“ wird „[a]ngesichts leerer
    Kirchen“ dagegen mit der Aussage zitiert, dass „der
    törichte Islam, die beschissensten Menschen, die je
    erschaffen wurden,“ bekämpft werden müssten.

deutet, darüber hinaus als genuine Religion Nordeuropas vermeintlich das Erstrecht besitzt. Diese wirkt auch dadurch attraktiv, dass sie die Kraft- und Gewaltdarstellungen, die sich das Genre ohnehin gewählt hat, ansatzlos aufgreifen lässt.

Dadurch wird ein als legitim empfundener politischer Kampf gegen das Christentum propagiert, der sich – jenseits der Inhalte, die ursprünglich als „Elternmoral" abgelehnt wurden, gegen die – in dem Fall jüdischen – Ursprünge richtet.

Vermischt ergeben die Gewalt- und Machtphantasien mit der Ablehnung der christlichen Ethik (incl. Barmherzigkeit und Feindesliebe) und der Benutzung dessen, was aus fragmentarischer Überlieferung als genuin nordische Kultur rekonstruiert wird und als Kultur von Kriegern und Kämpfern empfunden wird, eine quasi-religiöse Berufung, die christlich geprägte Grundlage der westlichen Kultur in Frage zu stellen. Dies muss nicht zwangsläufig zu einer Hinwendung zum faschistischen Gedankengut führen. Hermann Glaser sieht als Voraussetzung für ein Abdriften ins rechte Gedankengut sogar die „Trance der Vagheit", in der „man […] in Mythen [schwelge]", das „Gute, Schöne, Wahre" pflege, das „heroisch-elitär" sein solle, ohne dass man sich durch „Festgelegtwerden" einengen lasse.[287]

Die Symbolik „Männlichkeit"/"Stärke" gemischt mit (konstruktiver) Ablehnung des Christentums

---

287 Glaser, 2000, S.484

(konstruktiv hier im Sinne, dass das Christentum von etwas anderem ersetzt werden soll, das sinnstiftend sein könnte) – bietet aber genug Schnittmenge zum Faschismus, sodass nicht immer klar für den Außenstehenden (aber auch nicht für jeden Beteiligten!) erkennbar ist, ob er sich rechts oder links dieser Grenze befindet. Das Feld „Heidentum" ist in seinen esoterischen, naturverbunden oder traditionsschaffenden Erscheinungsformen nicht gefährlicher oder ungefährlicher als andere Religionen, wird aber seitens rechter Kräfte als Betätigungs- und Infiltrationsfeld sicherlich genutzt, um neue Kader zu rekrutieren.

Ivar Bjornson von Enslaved bestätigt für mich den von mir gewonnen Eindruck in einem Interview, das Teil des „Heaven&Hell"-Specials in der Rockhard war. Als norwegischer Vorzeige-Viking-Metaller betont er, dass er die Christianisierung seiner Norwegischen Heimat gerne rückgängig machen würde, seine Lesart des Wikingertums aber als ein Sammelsurium verschiedener Philosophien beschreibt, denen nur die Ablehnung des Monotheismus einig ist. Diesen lehnt er aufgrund des hierarchischen Aufbaus innerhalb der Monotheistischen Religionen ab, wobei er lediglich das Christentum als Beispiel nennen kann, die Rolle der (nicht Auto fahrenden) Frau im muslimischen Saudi-Arabien kurz anspricht und über das ebenfalls monotheistische Judentum gar nichts zu sagen hat (oder zu sagen weiß?). Als er dann noch zugibt, dass das Christentum ja auch für „wissenschaftlichen und philosophischen

Fortschritt"[288] verantwortlich sei, wurde ich doch sehr an die Stelle aus dem „Leben des Brian" erinnert: "Was haben wir den Römern zu verdanken, außer dem Aquädukt, den sanitären Anlagen, der öffentlichen Ordnung, dem Frieden..." .
Kurzum: Was bleibt, ist eine vage Ablehnung der bekannten Sozialisationsinstanzen, ohne ihnen einen reinen Satanismus oder ein reines Heidentum entgegenstellen zu wollen oder zu können.

Zurück zur anfänglich zitierten T-Shirt-Aufschrift, dass das so oft im zeitgemäßen Metal beschworene „Neuheidentum [...] kein Faschismus" sei: Ich würde soweit gehen, dass es kein Heidentum und kein Neuheidentum gibt, da die Quellenlage ohnehin nur ein fragmentarisches Wissen zulässt, aus denen neue synkretistische Religionen entstehen können, aber kein altes Heidentum wiederauferstehen könnte. Das, was in den einschlägigen (zumindest in den musikalisch geprägten) Szenen als Volkstum vorgestellt wird, ist genauso Volkstum, wie das, was beim „Frühlingsfest der Volksmusik" mit Carolin Reiber oder Hansi Hinterseher Volksmusik ist: Nämlich....gar nicht! Was hier gemacht wird, ist vollkommen legal wie einfach. Es werden Motive aus vermeintlich besseren Zeiten aufgewärmt, neu gemischt, aktuell verpackt und dem Rezipienten als auf Tonträger gepresste Gefühlsdosis

---

288 Kaiser, 2011, S.83

verkauft.[289] Das ist die Aufgabe von Musik. Davon lebt seit Jahrzehnten das Musikbusiness. Aber das ist eben auch der Unterschied zwischen „Volkstum" und „volkstümlich".

Dennoch darf die Existenz von rechtsextremen Strömungen in der Rock-/Metalszene nicht geleugnet werden. Ich würde sogar behaupten, – ohne rechtsextreme Inhalte verharmlosen oder sogar gutheißen zu wollen – dass entsprechend Kapitel 2.4 die hier geschilderte Musik in erster Linie nicht das Medium ist, das Botschaften übermittelt, sondern die Botschaft selbst ist. So wie es der Satanismus in den vergangen Jahrzehnten war, ist das zur Schau getragene Heidentum in erster Linie die Fortsetzung dieser musikalischen Härte mit anderen (nämlich verbalen) Mitteln.

Die Kernfrage nach dem braunen Filz, der stellenweise im gern vom Metaller angelegten schwarzen Schafspelz zu finden ist, stellt meines Erachtens jedoch nicht die Kernfrage der Problematik dar. Das Kernproblem besteht in der Spannung zwischen der Aufgabe rebellischer Musik und einerseits und einer abzulehnenden Kultur andererseits. Bietet diese Kultur den Adoleszenten keine Reibefläche, da es keine

---

289 Als Beispiel möchte ich hier das Naabtal-Duo erwähnen, dass mit *Patrona Bavariae* im Juni 1988 den Grand Prix der Volksmusik gewann. Obwohl auch schon zum damaligen Zeitpunkt die Kirchen tendenziell eher leer als voll waren, trat dieser kommerzielle Erfolg eine ganze Welle religiös geprägter Volksmusik-Titel los.

einheitlich verbindlichen Werte gibt, die abgelehnt werden können, müssen dessen Grundfesten als Feind angenommen werden. In unserem Fall ist es das, was wir als die freiheitlich-demokratische Grundordnung und unsere liberale Gesellschaft nennen.

Im Gegensatz zum Black Metal der 80er, welcher anscheinend nicht mehr ausreicht, um diese Abnablung glaubwürdig zu unterstreichen, stellen die genannten Untergenres eine neue Extreme dar. Bleibt also der Jugend, die noch nicht einmal mehr auf eine starke christliche Kirche als gesellschaftsprägende Größe zurückgreifen kann, um sich ihr entgegenstellen zu können, nur noch die Leugnung der freiheitlich demokratischen Grundordnung als letzte verbleibende Instanz, deren Ablehnung in einer wertefreien Gesellschaft überhaupt noch wahrgenommen wird? Parallel bleibt für uns das Problem, was uns bezüglich Musik und dem damit verbundenen Image in Zukunft erwartet, wenn wir jegliche provokative Abgrenzung als Mainstream zulassen.[290] Wenn ein Grundschüler mit Irokesenschnitt und T-Shirtaufschrift herumläuft, dass „halb besoffen […] rausgeschmissenes Geld" sei, reicht das bestenfalls als Lachnummer, aber kaum mehr zum Aufreger.

---

290 Das Schlagwort aus der Sexual-Ethik, wonach der Analsex der Blowjob (oder der Gruppensex, je nach Quelle) der Neuzeit sei, lässt jedoch immer die Frage offen, was denn daraus resultierend der neue Analsex der Neuzeit sei.

Unser „Faschismus-Problem" im Metal wird bei dieser Sichtweise schnell zum Problem einer bezüglich ihrer Werte unverbindlichen Gesellschaft. Als Antwort darauf die liberalen Errungenschaften wiederum in Frage zu stellen, um der Jugend Raum zum Aufregen zu geben, kann dabei natürlich nicht die Lösung sein, wohl aber die Betrachtung der Problematik in einem über die Themen „Jugendkultur" und „Musik" hinausgehenden Raum.

Im Nachhinein muss ich fast dankbar sein, mit langen Haaren in den 80er Jahren noch angeeckt zu sein. Gott (!) sei Dank gibt es noch immer Bands, die die niedersten Wünsche meiner Generation zu befriedigen beabsichtigen: Die 97. Ausgabe des Nuclear-Blast-Katalogs preist mit der Band Semargl (scheint man sich nicht merken zu müssen, habe weiter nichts von ihnen gehört!) „Satanic Pop Metal" an, dessen Texte „von Anti-Religion, Satan & Sex" handeln und die „Freiheit von sozialen & moralischen Zwängen" propagieren![291] Halleluja, es gibt sie also noch!

Die Beschäftigung mit diesen Facetten der Thematik war für mich aber auch eine sehr aufschlussreiche Reise in eine Kultur, die mir seit Jahrzehnten sehr am Herzen liegt. Diese Eindrücke, die ich – bei ehrlicher Betrachtung – gewinnen durfte, waren nicht immer schmerzfrei. Vieles, was mit den meist nüchternen und

---

291 Nuclear Blast 97, S.61

erwachsenen Augen eines Enddreißigers/Frühvierzigers
betrachtet wird, mag bei näherer Betrachtung kindisch
und belanglos wirken.
Ich möchte aber keinen dieser Eindrücke missen. Ich
liebe jeden einzelnen von ihnen!

Was fehlt....und ein kleiner Ausblick

Zuallererst muss natürlich zugegeben werden, dass auch dieses Buch mehr Fragen offen lässt als es beantworten wird. Darin liegt auch der Grund für seine lange Entstehung. Hinsichtlich der sich immer weiter ausbreitenden Quellenlage steckte ich alle Unterlagen erst einmal in die Schublade und schrieb drei Romane und ein paar Kurzgeschichten. Als ich im Februar 2014 meinen Schreibtisch mal wieder aufräumte, stand ich vor der Entscheidung, das Buch endlich zu beenden oder die ganzen Bücher, Filme und Zeitungsschnipsel endlich wegzuräumen. Ich entschied mich fürs wegräumen, saß aber kurze Zeit später postwendend am Rechner, um das bisherige doch noch einmal zu sichten, kam zum Schluss, dass das Buch ja quasi schon fast fertig sei und man diesbezüglich eigentlich auf alle noch so vielen zusätzlichen Quellen verzichten kann und muss, da die vorhandenen alle bisherigen Kernaussagen ausreichend belegen. Mehr Beispiele hätten wohl mehr Nebenkriegsschauplätze aufgemacht als die Gedankenlinie durch die fünf Hauptkapitel vertragen hätte.

Um einen Exkurs tut es mir dennoch leid, den ich gern noch geschrieben hätte, nicht, weil er notwendig gewesen wäre, sondern eher, weil er mir einen riesengroßen Spaß beim Schreiben bereitet hätte. POWERWOLF hätten mindestens so viel Platz wie FREI.WILD, die ONKELZ oder RAMMSTEIN

verdient, setzen sie doch dem Spiel mit den Klischees
noch ein kleines Krönchen auf: Wild
zusammengewürfeltes (und stets in mystisch-
sphärischer und stets geschwollen aufgeblasener
Sprache verpacktes) Stückwerk aus Christentum,
Pseudosatanismus, ein wenig Mittelalter und Horror
wird so genial verquirlt, dass es schon fast wieder einen
Sinn zu ergeben scheint. Besonders das katholische
Christentum scheint hier – quasi aus der realen
Lebenswelt schon so fern herausgelöst, dass es nur noch
als Träger einer unheimlichen Stimmung gebraucht wird
– als Verpackung[292] für alles zu dienen, womit man den
Käufer und Konzertbesucher emotional ansprechen
möchte. Musterbeispiele für alles, was in den
vorangegangenen Kapiteln als Stilmittel beschrieben
wurde, finden sich im Refrain „eins, zwei, Amen and
Attack",[293] wo durch deutsche Sprache, religiöse
Anspielungen und martialischen Angriffsschrei keine
Wünsche offen gelassen werden. Zusätzlich hätte in der
Gesangsmelodie noch ausschließlich der
„Teufelsakkord" Tritonus verwendet werden müssen,
wurde er aber leider nicht (habe ich überprüft!).
Nichtsdestotrotz, es funktioniert auch so, klingt geil und
gefällt mir.

Der im Vorangegangenen und in diesem Kapitel
behaupteten „wertefreien Gesellschaft" stellt sich seit

---

292 „Verpackung" kann man hinsichtlich der
    Priestergewänder durchaus wörtlich nehmen!
293 Powerwolf: *Preachers of the Night*, 2013, Titel 1

einigen Jahrzehnten (zuerst in Ansätzen, seit einigen
Jahren sehr viel offensiver) ein Trend entgegen, der aus
den USA recht erfolgreich zu uns herüberschwappt: die
Loslösung von der Moderne durch einen mittelalterlich-
wissenschaftsfeindlichen und teils militant vertretenen
christlichen Fundamentalismus. Ich wage jedoch nicht,
in dieser evangelikalen Talibanisierung des Westens
Grund, Folge oder Gegenströmung zum Gesagten
abzuleiten, vor allem, weil sich innerhalb der
Metalszene auch schon prominente Vertreter (bspw.
Dave Mustaine) zu dieser Denkrichtung bekennen. Hier
bleibt noch Stoff für kommende Bücher übrig.

Quellenverzeichnis

Die letzten Zugriffsdaten von Internetquellen wurden nur dann explizit beigefügt, wenn mit einer relativ kurzen Verweildauer zu rechnen war, wie bei Zeitungsartikeln oder Forenbeiträgen.

Bücher:

Uwe Backes, Eckhard Jesse: Politischer Extremismus in der Bundesrepublik Deutschland, Neuausgabe 1996, Bundeszentrale für politische Bildung, Bonn, 1996

Ulrich Bäumer: Rock Musik – Revolution des 20. Jahrhunderts, CLV, Bielefeld, 1988

Ulrich Bäumer: Wir wollen nur deine Seele, Telos-Verlag, Bielefeld, 1984, 5. Auflage, 1987

Imbke Behnken, Arthur Fischer (Redaktion): Jugend92, Lebenslagen, Orientierungen und Entwicklungsperspektiven im vereinigten Deutschland – Herausgegeben vom Jugendwerk der Deutschen Shell, Band 1, Gesamtdarstellung und biographische Portraits, Leske Budrich, Opladen, 1992

Joe Berlinger, Greg Milner: Metallica.Inside, blanvalet, München, 2006

Ursula Caberta: Schwarzbuch Esoterik, Gütersloher Verlagshaus, Gütersloh, 2011

Christian Dornbusch, Hans-Peter Killguss: Unheilige Allianzen, Unrast-Verlag, Hamburg, Münster, 2005

Norbert Eggeling: Der Stellenwert des Heavy Metal bei Schülerinnen und Schülern eines Kleinstadtgymnasiums, LIT-Verlag, Münster, 2003

Dietmar Elflein: Schwermetallanalysen - Die musikalische Sprache des Heavy Metal, Transcript – Verlag, Bielefeld, 2010

Christian Feldmann: Gottes sanfte Rebellen, Herderbücherei, Freiburg, 1994

Nils Friedel: Heavy Metal als Jugendkultur, Bachelorarbeit, Grin-Verlag, BoD, Norderstedt, 2007

Hermann Glaser, Deutsche Kultur, Bundeszentrale für politische Bildung, Bonn, 2000

Peter Glotz: Die deutsche Rechte – Eine Streitschrift, Deutsche Verlagsanstalt, Stuttgart, 1989

Friedrich Wilhelm Graf: Die Wiederkehr der Götter – Religion in der modernen Kultur, Bundeszentrale für politische Bildung, Bonn, 2004

Friedrich-Wilhelm Haack: Satan-Teufel-Lucifer, Evangelischer Presseverband, München, 1975

Matthias Herr: Heavy Metal Lexikon Vol.1, (überarbeitete Zweitauflage)Verlag Matthias Herr, Berlin, 1993

Matthias Herr: Heavy Metal Lexikon Vol.2, Verlag
Matthias Herr, Berlin, 1990

Matthias Herr: Heavy Metal Lexikon Vol.3, Verlag
Matthias Herr, Berlin, 1991

Matthias Herr: Heavy Metal Lexikon Vol.4, Verlag
Matthias Herr, Berlin, 1994

Norbert Hoerster (Hrsg.): Klassische Texte der
Staatsphilosophie, dtv Wissenschaft (C.H. Beck,
Nördlingen, 1976

Wolfgang Hug (Hrsg.): Unsere Geschichte, Band 4,
Verlag Moritz Diesterweg, Frankfurt am Main, 1987

Mechthild Jansen, Doron Kiesel, Heike Deul (Hrsg.):
Rechtsradikalismus – Politische und
sozialpsychologische Zugänge, HAAG + HERCHEN
Verlag, Frankfurt a.M., 1992

Anja Mankel: Wikinger, Satanisten, Helden.
Subkulturen im Heavy Metal, Grin-Verlag, BoD,
Norderstedt, 2009

Ralf F. Nohr, Herbert Schwaab (Hrsg.): Metal Matters –
Heavy Metal als Kultur und Welt, LIT-Verlag, Münster,
Hamburg, Berlin, London, 2011

Bernhard Pfändner u.a.(Hrsg.), Buchners Kolleg
Geschichte „Weimarer Republik -
Nationalsozialismus", C.C. Buchners Verlag, Bamberg,
1992

Dieter Prokop: Medienmacht und Massenwirkung – ein geschichtlicher Überblick, Reihe Rombach Litterae, Rombach-Verlag, Freiburg, 1995

Michael Rauhut: Rock in der DDR, BpB, Bonn, 2002

Frank Schäfer: 111 Gründe, Heavy Metal zu lieben, Schwarzkopf & Schwarzkopf Verlag, Berlin 2010

Frank Schäfer: Talking Metal, Schwarzkopf & Schwarzkopf Verlag, Berlin, 2011

Dietrich Schwanitz: Bildung – Alles, was man wissen muss, Wilhelm Goldmann Verlag, München, 12. Auflage, 2002

Toralf Staud: Moderne Nazis, BpB-Schriftenreihe Band 566, Verlag Kiepenheuer & Witsch, Köln, 2006, in der unveränderten Auflage von 2009

Alexander Ulfig: Lexikon der Philosophischen Begriffe, Komet-Verlag, Köln, 2003

Thorsten Zahn (Hrsg.): Metal Hammer, Alben des Monats, 345 Rezensionen – die originalen Kritiken aller Soundcheck-Gewinner, Metal Hammer, 10/2012

Filmische Dokumentationen:

Aaron Aites, Audrey Ewell: „Until the Light takes us", Rapid-Eye-Movies, USA, 2008

Jochen Bank: „37° Im Dunstkreis der Hölle", ZDF, 16.7.2002

Klaus Bellmund und Kaarel Siniveer: „Führer, Kulte, Lichtgestalten", ARD, 13.06.1996

Cho Sung-Hyung : „Full Metal Village", Flying Moon, 2006

Eric Friedler: "Nichts als die Wahrheit – 30 Jahre die Toten Hosen", ARD, 08.12.2012

Rainer Fromm: „Rechtsextremismus heute: Zwischen Schnuller und Springerstiefel", Landeszentrale für politische Bildung NRW, Deutschland, 2007

Sana Guillera und Andy Karsten Iller: „Reel: Hard´n ´Heavy - Schwermetall – der Film", TwilightZone-Records, Deutschland, 2010

Iron Maiden: „Visions of the Beast", EMI Music, 2003

Iron Maiden: „12 Wasted Years" (1987), auf: „Maiden England", EMI, 2013

Sebastian Kessler: Folk- und Mittelalter-Special auf MaximumMetal-DVD 144, Oktober, 2009

Manuel Möglich: „Wild Germany", Episode3 „Metal" ,
ZDFneo, 16.07.2011

Manuel Möglich: „Wild Germany", Episode4
„Satanismus" , ZDFneo, 23.07.2011

Martin Papirowski, Klaus Schellschmidt: „Wotans
Wiederkehr – Neuer Kult um alte Götter", Mundus-
Studio, 1990

Scot McFadyen, Sam Dunn: „Global Metal", Seville
Pictures – A Headbanger´s Production, Kanada, 2008

Scot McFadyen, Sam Dunn: „Metal : A Headbangers
Journey", Seville Pictures – A Headbanger´s
Production, Kanada, 2005

Scot McFadyen, Sam Dunn: „Metal Evolution", Seville
Pictures – A Headbanger´s Production, Kanada, 2011

"Punks in der DDR – Pogo-Partys im Honecker-
Regime" , 04.08.2012, unter http://spon.de/veXbZ,
Zugriff am 26.11.2011

Drew Thompson, Tim Goldby: „Gettin Tighter, the
untold Story of the 1975/1976 MK IV World Tour",
auf: Deep Purple: „Phoenix Rising", ear-Music, by
Edel, 2011

Internetquellen:

Sarah Chaker: Interview auf „Metal.de" vom
17.01.2009, unter: http://www.metal.de/heavy-
metal/interview/sarah-chaker/37013-sarah-chaker/,
letzter Zugriff: 10.02.2014

Bernward Deneke: „Liebe, und dann tue, was du willst",
unter: http://www.kath-info.de/liebe.html, Zugriff am
25.11.2011

Marie E. Dorninger: Ritualmordvorwürfe im Mittelalter
– Urteile – Prozesse – Wirkungen, unter:
http://www.uni-
salzburg.at/pls/portal/docs/1/543250.PDF, Zugriff am
19.12.2011

Thorsten Dörting (Rezension): „Metal-Film "Until the
Light takes us" - Jedem Tode wohnt ein Zauber inne"
vom 16.08.2010 unter: http://www.bifff-
berlin.de/aktuell72.html, Zugriff: 26.11.2011

Sonja Hölscher/Dominik Degener: Böhse Onkelz –
Biographie, unter:
http://www.findediewahrheit.de/onkelz/biographie.htm ,
Zugriff am 24.11.2011

Alexander Dluzak: Punk-Revolte - Anarchie in Burma,
spiegel-online, 16.02.2012, unter:
http://www.spiegel.de/panorama/gesellschaft/0,1518,81
5452,00.html, Zugriff am 17.02.2012

Terhi Kinnunen: Finnische Heavy-Metal-Messen -
"Hard Rock Hallelujah" live in der Kirche, 20.10.2008
unter:
http://www.spiegel.de/schulspiegel/ausland/0,1518,5850
45,00.html, Zugriff am 26.11.2011

David Lynch: Interview-Project-Germany, unter:
http://www.interviewproject.de/, Zugriff am 14.11.2011

Benjamin Maack: Rock´n´Roll im Rückwärtsgang,
unter:
http://einestages.spiegel.de/external/ShowTopicAlbumB
ackground/a3811/l29/l0/F.html#featuredEntry , Zugriff
am 09.11.2011

Dirk Moldt : „Gottesdienst für Freaks" , 18.11.2009,
unter:
http://einestages.spiegel.de/static/topicalbumbackground
/4901/gottesdienst_fuer_freaks.html , Zugriff am
26.11.2011

Peter Novak: Berufsverbot für Heavy-Metal-Musiker,
25.05.2013, zu finden unter: http://peter-nowak-
journalist.de/2010/05/25/berufsverbot-fur-heavy-metal-
musiker/, Zugriff am 10.02.2014

Janette Otto: Juden im mittelalterlichen und
neuzeitlichen Sachsen, unter:
http://schule.judentum.de/projekt/regionalgeschichte/mit
telalter.htm, Zugriff am 19.12.2011

Sonja Pohlmann: Abschlussarbeit über Headbangen –
Frau Dr. Deathmetal, unter:
http://www.spiegel.de/unispiegel/studium/abschlussarbe
it-ueber-headbanger-frau-doktor-death-metal-a-
608101.html, Zugriff am 10.02.2014

Ria Proske: Krieg und Frieden - Ausgewählte Kinder- und Jugendbücher - Kommentiertes Verzeichnis - 15., aktualisierte Online-Auflage, Köln 2008, zu finden unter: http://www.friedenspaedagogik.de/datenbank/kjkf/detail.php?id=27872, Zugriff am 23.11.2011

Felix Scheidl: Musik schlägt Kirche - Wie ein Messdiener zum Metal-Fan wurde, 16.02.2009, unter: http://www.spiegel.de/schulspiegel/leben/0,1518,58726 2,00.html, Zugriff am 26.11. 2011

Volkert Volkmann, Holger Funke, Andrea Groh (V.i.S.d.P.) : Gegendarstellung zu: "Führer, Kulte, Lichtgestalten", unter: http://www.kulturgeister.de/html/juni_1996.html, Zugriff am 26.08.2011

Harun Yahya: Die heidnischen Wurzeln des Faschismus, zu finden unter: http://www.islamverurteiltantisemitismus.com/faschism us.htm., Zugriff am 10.02.2014

http://www.epochtimes.de/388222_scorpions-stolz-auf-rockhymne-wind-of-change-.html, 29.12.2008, Zugriff am 24.09.2011

http://foreigndispatches.typepad.com/dispatches/2005/0 1/fascist_metal.html, 09.01.2005, Zugriff am 26.08.2011

The Southern Poverty Law Center: „From Satan to Hitler", unter: http://www.splcenter.org/get-informed/intelligence-report/browse-all-

issues/2000/fall/darker-than-black/from-satan-to-hitler,
Zugriff am 24.08.2011

"Tu, was du willst" - Herkunft und Wirkungsgeschichte
eines unscheinbaren Sätzleins, unter:
http://www.livenet.ch/themen/glaube/theologie_philoso
phie_religion/esoterik/126738-
tu_was_du_willst_herkunft_und_wirkungsgeschichte_ei
nes_unscheinbaren_saetzleins.html vom 07.01.2006,
Zugriff am 25.11.2011

http://www.shortnews.de/id/499117/David-Hasselhoff-
ist-sich-sicher-Der-Mauerfall-ist-auch-sein-Verdienst,
31.01.2004, Zugriff am 24.09.2011

http://www.asatru-forum.de/board49-%C3%A1satr
%C3%BA/board3-gebete-rituale-und-opfer/2443-t
%C3%A4gliche-rituale/index2.html , Zugriff am
01.11.2011

"Fußball und Gewalt" unter:
http://www.br.de/themen/sport/inhalt/fussball/fussball-
und-gewalt102.html , Stand 01.02.2010, Zugriff am
02.11.2011

"Die Konzerte der Toten Hosen" unter:
http://www.artikel32.com/musik/1/die-konzerte-der-
toten-hosen.php, Zugriff am 23.11.2011

Zeitungsartikel:

„Völker röhrt die Signale" aus: Frankfurter Allgemeine Sonntagszeitung vom 26.11.2006, unter: http://www.faz.net/artikel/C31301/patriotismus-voelker-roehrt-die-signale-30095489.html, Zugriff am 25.08.2011

„Wir wollen Ärger" - Rammstein im Interview mit Julia Schaf, aus: Frankfurter Allgemeine Sonntagszeitung vom 13.10.2009 unter http://www.faz.net/artikel/C30602/rammstein-im-interview-wir-wollen-aerger-30022356.html, Zugriff am 25.08.2011

Frank Albrecht: „Betontod – Alles Übung" in Rockhard Vol.294, November 2011, S.63

Christian Anders: Die Jugendbewegung war nicht käuflich – Interview mit Fritz-Martin Schulz, Junge Freiheit, Nr.46/01, 09.11.2001, S.17, auch zu finden unter: http://www.nwv.de/interview.html

Detlef Diederichsen: „Only Anarchists are Pretty" in StadtAnsichten Nr.38, April 2011, S.48-51

Astrid Geisler: Eine schrecklich nette Familie, Fluter 42, Frühjahr 2012 – Thema Nazis – S.47-49, Bundeszentrale für politische Bildung, Bonn, 2012

Gesa Gottschalk: „Ein Fest für Odin", in „GEO Epoche Nr.53 02/12– Die Wickinger", Februar 2012, S.48ff

Boris Kaiser: „Verantwortung übernehmen", Rockhard, Vol. 295, November 2011, S.82f.

Thomas Kuban: „Ich dulde keine Kritik an diesem heiligen Land", erschienen in „Die Zeit", 22.02.2012, zu finden unter: http://www.sueddeutsche.de/kultur/das-erbe-der-boehsen-onkelz-ich-dulde-keine-kritik-an-diesem-heiligen-land-1.1290307-2, Zugriff am 23.02.2012

Gunnar Leue: „Das Sehnsuchtserlebnis Ost-Konzert", erschienen in „Berliner Zeitung", 03.07.2010, zu finden unter: http://www.berliner-zeitung.de/archiv/westmusiker-spielten-gern-im-osten—die-einen-offiziell-eingeladen--die-anderen-bei-illegalen-deutsch-deutschen-konzerten--so-die-toten-hosen-in-rummelsburg--die-hamburger-band-abwaerts-im-thueringischen-steinbruecken-das-sehnsuchtserlebnis-ost-konzert,10810590,10727412.html, Zugriff am 23.11.2011

Andreas Malycha: „Der Schein der Normalität" in Informationen zur politischen Bildung Nr. 312 „Geschichte der DDR", Hrsg: Bundeszentrale für politische Bildung, Bonn, 2011

Wolf-Rüdiger Mühlmann: „War Black Metal", RockHard Nr.279, Ausgabe August 2010, S.70-73

Robert Müller: Arkona – Materialschlacht, Metalhammer, Dezember 2009, S.89

Laura Niebling: Wacken 2011 – Donnerstag - aus Rockhard Vol. 293, Oktober 2011, S. 126f.

Andreas Schöwe: „Röck-Döts" aus Rock it, Ausgabe 62 vom 15.12.2010, S.56f.

Christian Thiele: „Bullerbü in braun", in Die Zeit Nr 47, 2011 vom 17.11.2011, S.4

Manuel Trummer: „´Hard Rock Halleluja´Heavy Metal und Religion in Rockhard Vol. 295, Dezember 2011, S.66 (:-)) -72

„Ein Philosoph und Gentleman – Lemmy" Interview von Max Dax mit Ian"Lemmy" Kilmister vom 21.08.2005, zu finden unter: http://www.welt.de/print-wams/article131095/Ein_Philosoph_und_Gentleman_L emmy.html, Zugriff am 06.09.2011

Interview mit Ian „Lemmy" Kilmister, im Ox-Fanzine, geführt von Allan McaInnis, übersetzt ins Deutsche von Peter Nitsche / Ausgabe #87 (Dezember 2009/Januar 2010), zu finden unter http://www.ox-fanzine.de/web/itv/3647/interviews.212.html, Zugriff am 06.09.2011

„German 'Nazi' Punk Band To Open For THE ROLLING STONES" , New York Post, vom 02.06.2003 unter: http://www.roadrunnerrecords.com/blabbermouth.net/ne ws.aspx?mode=Article&newsitemID=12444 , Zugriff am 24.11.2011

"Zu weit aus dem Fenster gelehnt" aus dem "News"-teil der Rockhard Vol. 298 Ausgabe März 2012, S.7

"Blast", Mailorder-Magazin des nuclearblast-Versandes, Ausgabe 97 (24.Jahrgang), Donzdorf, 2012

<u>Danksagungen:</u>

Besonderer Dank gilt Cornelius Peter und ganz besonders Jakobine Theis, die mich mit ihren Deutschkenntnissen und mit ihrem metallischen Sachverstand hilfreich unterstützt hatten, sowie meiner lieben Frau, die es immer wieder hingenommen hatte, wenn ich entnervt mit dem Netbook unterm Arm das Weite gesucht hatte.

<u>Zum Cover-"Art"-Work:</u>

Der Thors-Hammer wurde auf einer Verkehrsinsel irgendwo kurz vor der dänischen Grenze aufgenommen, das schwarze Schaf ist ein Foto der Kühlkissen-Schutzhülle „Lisa das Autschlamm"

Hidden Bonustrack:
Der Tag, an dem ich beim 50. W:O:A war!

Liebe Archäologen, die diesen Text in vielen Jahrhunderten finden werden. Dieser Text stammt aus dem Jahr 2013 und schildert die Zustände des Wacken-Open-Airs in diesem Jahr. Dieser Text ist (als mein erfolgreichster Text :-)) bereits als Leserbrief in der Zeitschrift „RockHard" ungekürzt veröffentlicht worden und ist fester Bestandteil meines Leseprogramms „Histories os Rock".

Donnerstag 04.08.2039.

Holy-Wacken-Land.

Ich freue mich riesig.

Das „Wacken" hat vor exakt 49 Jahren zum ersten mal stattgefunden.

Das heißt nach offizieller Wackenzeitrechnung, die seit 2027 in ganz

Schleswig-Holstein gilt: 50 Jahre W:O:A !

Das Dorf und das Festival haben sich ein klein wenig verändert.

Ansatzweise hatte sich das schon 2013 angedeutet, die

Geschwindigkeit und das Ausmaß des Wandels haben aber auch mich

überrascht.

Dass ich ausgerechnet am ersten August-Wochenende hier bin, ist

kein Zufall. Früher fand einzig an diesem Wochenende hier etwas

statt. Das war die Zeit, bevor das Partygelände ganzjährig für

Touristen geöffnet wurde. Damals hatte es auch noch das eigentliche

„9-Höfe-Dorf" Wacken gegeben, lange bevor die letzten der

ursprünglich rund 1850 Einwohner lebenslang zu Leibeigenen von

Bauer Uwe Trede und seinen Nachfahren gemacht wurden. Der

Trede-Clan hat im Holy-Wacken-Land inzwischen die weltliche Macht inne, während die Skyline-Priesterschaft das geistliche Schwert trägt.

Wirtschaftlich hat sich die Holy-Wacken-Region blendend entwickelt: Als einziger Landkreis Schleswig-Holsteins hat Itzehoe einen Großflughafen und die einzige Magnetschwebebahn verbindet das sogenannte „Festivalgelände" mit dem Bereich „Erlebnisbad/Edeka-Mall".

Der Name „Festivalgelände" - unter dem Hinweisschild steht ein Vermerk „alte Flurbezeichnung" - stammt noch aus der Zeit, in der Wacken durch laute Musik Berühmtheit erlangt hatte.

„Festival" nennt sich dieser inzwischen ganzjährige Rummelmarkt noch immer, die Musik spielt aber seit den frühen 2020ern nur noch eine untergeordnete Rolle. Stattdessen wurde der Bereich, auf dem früher Musik gespielt wurde, gänzlich mit diversen Märkten, die dem Stil unterschiedlicher Epochen und Kulturen der Menschheitsgeschichte nachempfunden wurden, umgeben. Für diese muss man zwar einzeln Eintritt bezahlen, aber das Betreten steht ja jedem selbst offen. Blöd ist nur, dass man das eigentliche (Musik-)Festivalgelände etwa seit der gleichen Zeit durch mindestens einen dieser Märkte betreten MUSS. Vermutlich ist jemandem von der Städteplanung da ein kleiner Fauxpas unterlaufen.

Der Aspekt „Musikdarbietung" fristete von 2017-2023 ein gänzliches Nischendasein, nachdem ein Old-School-Musikfan die Veranstalter verklagt hatte, weil er zur Show eines Headliners, für den er angeblich ausdrücklich den vierstelligen Eintrittspreis gezahlt hatte, nicht mehr aufs Gelände vor die Bühne gelassen wurde. Seine Klage wurde zwar in dritter Instanz mit Hinweis auf die allgegenwärtigen Monitore abgewiesen, die Veranstalter beschlossen aber dennoch, um weiteren gerichtlichen Schwierigkeiten auszuweichen, die Konzerte (für einen zusätzlichen kleinen Obolus) ins Internet zu stellen. Von 2023-2028 waren sie sogar ausschließlich dort zu sehen, da die Betreiber des neuen „Jensen-Hübner-Airports" drohten, gegen die Lichtshows zu klagen, da diese ihrer Meinung nach den Flugverkehr zu stark beeinflussen würden.

Musikalisch ging es beim „Ganzjahres-Ex-Festival-Rummelplatz WACKEN", wie man das W:O:A zwischen 2025 und 2031 bezeichnete, erst wieder mit dem Aufbau der „Schlager-Stage" aufwärts. Vorangegangen war eine mehrjährige Kampagne der Bild-Zeitung, um Jürgen Drews nach Wacken zu bringen. Nach dem schnellen Erfolg mit Heino 2013 hatte sich der Axel-Springer-Verlag dieses Unterfangen etwas leichter vorgestellt. Nachdem sich die neue Bühne (im Volksmund kurz als „SS" bezeichnet!) etabliert hatte, konnten die Bild-Leser durch online-Voting das Line-up kontinuierlich steuern. Ein Sternstunde der Deutschen Demokratie! Auch stiegen die Besucherzahlen wieder im gleichen Maße an wie zu den Anfangszeiten und der J-H-Airport hatte 2036 erstmals mehr Passagiere als der Flughafen Palma de Mallorca, den man auch bezüglich des Klientels als größten europäischen Konkurrenten wähnt. (Der Vollständigkeit halber soll der kleine Besucher-Einbruch 2034 erwähnt werden, als ein Teil des Areals gesperrt wurde, weil Archäologen angeblich Scherben von echten Bierflaschen gefunden hatten. Das Gerücht, das im Boden angeblich auch noch mehrere tausend Killernieten lagern könnten, wurde nie bewiesen, konnte aber auch nie glaubhaft entkräftet werden.)

Und jetzt, wo sich das große 49- äh 50jährige Jubiläum angekündigt hatte, haben sich die Veranstalter auch wieder der Anfänge entsonnen und sich ein paar echt feine Häppchen für die ganze Familie einfallen lassen.

Ich bin heute, am Donnerstag, den 4.August 2039 exakt 66 Jahre (und ca. 6 Monate!) alt, kann auf drei Kinder und diverse Enkel schauen und nehme sie alle mit nach Norddeutschland. Dorthin, wo ich das letzte mal am ersten Augustwochenende des Jahres 2013 war.

Der Erfolg überwältigt mich. Für jeden ist was dabei. Nach der jede halbe Stunde stattfindenden Parade der Plüsch-Rockstars wollen wir uns alle in die vier Winde zerstreuen. Diese wird von einem gigantischen Lemmy angeführt wird, den mein kleinster Enkel an der Warze streicheln darf, und von feuerspeienden Kiss-Schwellköpfen abgeschlossen, die den Umstehenden noch Flyer mit den Tagesangeboten der Souvenirstände austeilen.

Dann trennen sich für diesen Nachmittag unsere Wege.

Sohn und Schwiegersöhne verschwinden sofort im Metal-Men-Ressort, der sich rund um die alte billige Tabeldance/Damencatch-Show gebildet hatte. Erweitert wurde dieser Bereich um eine Heavy-Metal-Tuning-Show, deren Höhepunkt ein echtes 24-Stunden-Rennen bildet.

Die Kinder sind im Chucky-Kinderland untergekommen. Hier laufen alte Kiss-Comic-Filme, Schwarz-Weiß-geschminkte Clowns knoten aus Luftballons Pentagramme und es gibt einen Corpsepaint-Kinder-Schmink-Stand. Mit Stoffmalstiften dürfen die Kleinen auch noch eigene Kutten gestalten, bevor sie bei einer Mini-Metal-Playback-Show mit integriertem RTL-Casting mitmachen müssen.

Die Frauen sind ins „Met-Evil-Land" eingetaucht, wo es neben angeleitetem Square-Dance nach Wikinger-Art inzwischen auch Workshops im mittelalterlichen Marmeladekochen und Nieten-Armband-Knüpfen gibt. Abgerundet wird ihr Nachmittag noch durch eine Tim-Mälzer-Metal-Pizza-Koch-Show, bei der selbst meine Frau noch einmal in Ekstase gerät.

Am Abend trifft man sich zum Familienshow-Event vor der Club-Bühne wieder. Die Kinder führen den unzähligen elterlichen Kameras vor, was sie den ganzen Tag gemacht haben und vorm Schlafengehen wird vor dem allabendlichen Großfeuerwerk noch gemeinsam der

Clubtanz zelebriert, den diverse Metal-Kreuzfahrer beim Entern der
AIDA erbeutet hatten.

Ich flaniere bis dahin (selbstverständlich nachdem ich für ein
zusätzliches kleines Eintrittsgeld ein weiteres Armbändchen ums
Handgelenk gesteckt bekam!) aber noch durch das Classic-Metal-
Camp, um die Luft meiner Jugend einzuatmen, deren Geruch ich ganz
anders in Erinnerung hatte. Der Höhepunkt ist der Original-Aufbau
einer Zeltplatz-Straße, bei der man durch altertümlich im Stil der
Jahrtausendwende gekleidete Statisten flaniert, die in matschigen
Hosen auf Campingstühlen rechts und links vom Besucher sitzen und
ihm „Wacken!“ zurufen. Einige dieser Freaks haben sich sogar in-
Folklore-Gruppen zusammengeschlossen und dürfen
(selbstverständlich unter strengen Auflagen!) dem ungläubig
staunenden Publikum zwei mal am Tag ein Circle-Pit und sogar eine
echte Wall-of-Death vorführen. Überrascht hatte ich vor einigen
Jahren gelesen, dass die Härtesten unter ihnen ihre Bandshirts und
Kutten sogar in ihrer „echten“ Freizeit außerhalb Wackens tragen. Ich
erinnere mich, dass mir damals sogar ein paar Tränen der Rührung in
die Augen geschossen waren. Gütig lächelnd gehe ich weiter.
Inmitten dieser kleinen Gasse steht die Stand-Up-Comedy-Stage, auf
der – angeblich ohne einen Tag Unterbrechung – seit 2021 Tobias
Sammet steht. Dort geht er (seit er die lästigen Lieder zwischen den
Ansagen einfach weglässt) seiner Lieblingsbeschäftigung nach und
erzählt dem angereisten Publikum lustige Anekdoten aus den Jahren
des frühen Metals. Zumindest findet er selbst sie lustig. An viele
dieser Ereignisse und Begebenheiten erinnere ich mich selbst auch
noch und neben mir stehen andere bärtige alte Männer, die versonnen
lächelnd nicken, wenn Tobi berichtet, dass man früher in Zelten
übernachtet habe. Der Enkel eines dieser Männer fängt dabei laut an
zu lachen und ruft „Opa hat in einem Zelt geschlafen!“ Er kann es
nicht besser wissen, wurden die Behausungen der Campingplätze

doch im zweiten Jahrzehnt des Jahrhunderts zuerst angeblich aus
Sicherheitsgründen durch genormte Zelte aus dem W:O:A-
Merchandising-Versand ersetzt, um wenig später konsequent im
Center-Park-Stil umgestaltet zu werden. Um den ursprünglichen Flair
beizubehalten, entschloss man sich dabei allerdings, die Caravan-
artigen Unterkünfte in Form von Bierdosen zu gestalten.
Mit einem Lächeln auf den Lippen verlasse ich das Zelt und bewege
mich weiter auf mein eigentliches Ziel zu.Wenige Meter weiter finde
ich endlich das spirituelle Zentrum und neuen geographischen
Mittelpunkt des Holy-Wacken-Landes.
Das Doro-Mausoleum!
Wann sie genau und woran sie gestorben ist, spaltet die Gelehrten.
Allein in den Jahren 2027-2029 hatte sie hier „auf dem Wacken“ etwa
37 Auftritte. Als der Verdacht laut wurde, dass sie bei mindestens 10
dieser Shows gar nicht mehr am Leben war, sondern einfach nur die
Verwesung verweigerte, während ihr Schreie als ewiges Echo die
Besucher am Schlafen hindern, bettete man sie ins neue (im Stil und
in der Originalgröße dem Tschernobyl-Sarkophags nachempfundene)
Doro-Mausoleum. Gemeinsam mit anderen Pilgern stehe ich dort in
einer langen Schlange und warte darauf, meine Opfergaben (ein
niedriger vierstelliger Betrag) ein den Schrein zu werfen, um ein Foto
mit dem plastinierten Leichnam der Metal-Queen machen zu dürfen.
Meine Oma hatte im späten 20. Jahrhundert öfters Kaffee-Pilger-
Fahrten zu Bauer Ewalds Prickingshof unternommen, bei der man
auch lange nach dessen Tod noch Autogrammkarten samt Rekord-
Wunder-Bulle mit ins Wurstkörbchen gelegt bekommen hatte. Diese
Marktlücke wurde bei meinem letzten Wacken-Besuch 2013
aufgegriffen und kontinuierlich ausgebaut, als man mit Tomi
Putaansuu von Lordi erstmals die Festivalbesucher für spöttische 15€
für ein Foto mit Zombie zur Kasse gebeten hatte. Im Vergleich dazu
ist mein Zombie-Foto mit aufgebahrter Doro zu einem durchaus

reellen Preis zu bekommen. Die Gruppe, die vor mir ansteht, ist allerdings negativ überrascht, als sie nach fünfstündigem Warten merkt, gar nicht an der Schlange für Sabaton-Autogramme anzustehen. Selbst schuld. Hätten die Herrschaften aufgepasst, hätten sie gehört, dass der Chor der Wartenden ausschließlich Doros Wackenhymne summt. „We are the Metalheads" ist seit ihrem (offiziellen) Tod auch der einzige Choral, den der Skyline-Wächterrat in der Heilig-Geist-Kirche in Wacken genehmigt hat. Lediglich an ihrem (offiziellen!) Todestag im frühen August darf die wiederum von Mambo-Kurt komponierte Doro-Hymne dort gesungen werden. Leider habe ich diesen erbauenden Moment durch mein Anstehen in der Schlange hier verpasst.

Naja, morgen kann ich mich ja erst einmal wieder erholen. Dann werde ich wohl mit den Enkeln in die Wildwasserbahn gehen, bei der man (für ein kleines zusätzliches Entgelt) in einem Schlammbad eintaucht, das dem Besucher „Original Festival-Feeling 2012" verspricht! Ich bin gespannt!

Danach gehe ich vielleicht sogar auch mal zur Musik. Die Schlagerbühne haben die „Godfather of Dark Schlager"[294] von UNHEILIG fest im Griff, bevor sich Jürgen Drews bei den Veranstaltern bedankt. Vielleicht werde ich auch zur kleinen „Nostalgic-Rock-Stage" gehen, wo die Scorpions angeblich ihren endgültigen Abschied pfeifen.

Ich sollte viel öfters auf Konzerte gehen, wo ich schon einmal hier bin. Aber meine Karriere als Pfahlsitzender Pokerspieler lässt mir neben den Enkeln dafür leider immer höchstens einen Tag Zeit.

Aber der Besuch beim W:O:A hat sich doch gelohnt. Irgendwie ist ja doch alles ein bisschen so wie früher!

---

294 Hösler-Weiß, Georg: Brauner Filz im schwarzen
    Schafspelz, 2014

Von Georg Hösler-Weiß erschienen darüber hinaus:

Romane in analoger Buchform und als E-Book:

<u>Startelf:</u>
α *Taschenbuch:* 136 Seiten
∞*Verlag:* BoD (2013)
∞*ISBN-13:* 9783732243464

<u>Elternsprechtag:</u>
α **Broschiert:** 152 Seiten
∞*Verlag:* Books on Demand; Auflage: 1 (8. August 2012)
∞*ISBN-13:* 978-3848218608

E-Books:

<u>Abitreffen (0,99€!) :</u>

Format: Kindle Edition
Dateigröße: 752 KB
Seitenzahl der Print-Ausgabe: 53 Seiten
Verlag: BoD E-Short; Auflage: 1 (17. Februar 2014)
Verkauf durch: Amazon Media EU S.à r.l.
ASIN: B00IHWI6YA

<u>Der Tag, an dem ich den Krieg überlebte – eine andere Kriegskindheit in sieben Kapiteln (0,00€!)</u>

Format: Kindle Edition
Seitenzahl der Print-Ausgabe: 40 Seiten
Verlag: BoD E-Short (21. Februar 2014)
Verkauf durch: Amazon Media EU S.à r.l.
ASIN: B00IKFGFRO